ZODIAQUE

—•—

A M. DELESSERT

PRÉFET DE POLICE.

—

LES RUES DE PARIS.

> Hic vasto rex Æolus antro
> Luctantes ventos tempestatesque sonoras
> Imperio premit, ac vinctis et carcere frenat.
> *Æneidos*, lib. I.

> Modo longa coruscat
> Sarraco veniente abies, atque altera pinum
> Plaustra vehunt; nutant altæ, populoque minantur.
> JUVÉNAL, sat. III.

Dans ce mois où Janus, père des vieux usages,

A tant d'hommes du jour prête ses deux visages;

Où les complimenteurs, de maisons en maisons,

Sèment à pleines mains leurs douces trahisons,

Et, sur les errements des anciens parasites,

Arrachent la sportule à force de visites;

Pendant que les tambours, de leurs longs roulements,

Congratulent les chefs éveillés ou dormants ;

Que les humbles commis et les surnuméraires,

Les magistrats en robe, archituriféraires,

Déposent aux genoux des grandes nullités

L'asphyxiant tribut de leurs servilités;

Qu'un généreux instinct pénètre au cœur de l'homme,

Au point qu'Harpagon même, onze mois économe,

Du magot clandestin desserre les écrous

Pour le fondre au creuset de Susse ou de Giroux,

Et, d'une main novice, offre le cachemire,

L'écrin, l'album d'Aubert, le bronze de Thomire ;

En un mot, quand tout vœu, toute œuvre, tout devoir

Se bornent à deux mots : donner et recevoir;

Toi, qui des lieux publics paternel autocrate,

A tous les carrefours présidés comme Hécate,

Edile de Paris! imite cet élan;

Son peuple attend de toi les dons du nouvel an.

Dans une vieille épître où mon vers populaire

Osa se montrer juste et vrai sans te déplaire,

J'exposai librement à ta sagacité

Le tournoyant chaos de la grande cité,

Tout ce que nos trottoirs, nos pavés et nos dalles

Offrent d'empêchements, d'abus ou de scandales,

Et de mon zèle obscur j'obtins le digne prix,

Car l'effet me prouva que tu m'avais compris.

Mais, des difformités qui déparent la rue

La dixième partie à peine est disparue,

Et le champ du public où ma faulx a glissé

D'obstacles épineux est encor hérissé.

Sans doute, aux boulevards où tant de foule abonde,

Depuis qu'on a bâti la niche pudibonde

On ne voit plus ramper en fétides ruisseaux

Le tribut qu'on vouait aux pâles arbrisseaux,

Et dans la tour discrète où l'acte s'escamote,

Habitent la décence et la *capsule Mothe.*

Au lieu de ces flambeaux, jouets de tous les vents

Qu'on plantait autrefois sur les terrains mouvants,

Au bord des noirs égoûts transformés en cavernes,

Ta prudence a posé d'impassibles lanternes ;

Je l'approuve, c'est bien ; mais comment se fait-il

Qu'on tolère aux marchands ces tentes de coutil

Dont la tringle de fer brutalement repousse

Quiconque a, par malheur, plus de cinq pieds un pouce ?

D'où vient qu'à chaque pas nos yeux sont compromis

Par la raquette chère aux paresseux commis ?

Pourquoi ces regrattiers dont la rance friture

De miasmes graisseux en passant nous sature ?

Pourquoi souffrir encor qu'un roulier provençal

Nous balafre le front de son fouet transversal ?

Pourquoi tous ces fléaux dont la ville est pourvue

Outre ceux qu'oublia ma première revue ?

Si la rue est commune à tous les citoyens,

Rends-la libre pour tous, use de tes moyens

Contre l'empiètement du boutiquier rapace,

Et que nul n'ait le droit d'en obstruer l'espace.

Faut-il voir, chaque jour, des pavés en monceaux

Étrangler le passage et barrer les ruisseaux ?

Aux lueurs d'un fanal, avec un peu de zèle,

Ne peut-on au travail forcer la *demoiselle ?*

Oui, certe ! il vaudrait mieux déranger un quartier

Trois nuits , que tout Paris durant un jour entier.

La rue est un passage et non un domicile :

Vers l'hôtel anguleux et d'abord difficile

Où les jurés-priseurs font rougir les encans,

Je dénonce à tes yeux ces hardis trafiquants

Qui jusque sous nos pieds éparpillent la terre

De compas, de vieux joncs, de lunettes sans verre ;

Si jamais le hasard te jette en ce chemin,

Serre tes étriers, tiens ton cheval en main,

Car la Bérézina n'est rien devant la scène

Qu'offre aux yeux effarés ce bric-à-brac obscène.

Partout aux embarras s'associe un danger :

Je pâlis en passant devant un boulanger,

Au moment où, du haut d'une charrette lourde,

Un brutal conducteur fait pleuvoir la falourde,

Et risque de m'atteindre au visage, en plein jour,

Du bouleau qui, la nuit, doit échauffer le four.

Je vous estime fort, utiles Allobroges !

A votre probité Paris doit des éloges ;

L'étranger incertain qui cherche un numéro

L'obtient gratis au coin qui vous sert de bureau ;

En juillet, en janvier, qu'on sue ou qu'on frissonne,

Serviteurs de chacun et valets de personne,

Factotums du public, pour quelques maigres sous,

Vous portez un malle ainsi qu'un billet doux ;

Mais au lieu de vous voir attroupés par douzaine,

Ou plantés en avant comme un mât de misaine,

Il serait bon, je crois, qu'un règlement précis

Contre le bord des murs vous forçât d'être assis ;

L'angle étroit où se tient votre conventicule

Devient impraticable au torrent qui circule,

Et trop souvent, hélas! les passans affairés
Sentent quel est le poids de vos souliers ferrés.

J'accuse également et déclare incommodes
La jeune lavandière et le *trottin* des modes
Qui, par l'énormité d'un panier ou carton,
Usurpent le trottoir domaine du piéton;
Je ne veux pas donner d'entraves au commerce,
Mais, sans nuire au public, je prétends qu'ils'exerce;
Et, vraiment! pour porter du linge ou des chapeaux
Ces arches de Noë semblent hors de propos;
Qu'un ordre exprès de toi limite leur volume.
Sur ces mêmes trottoirs d'asphalte ou de bitume,
On s'applaudit d'avoir doté chaque conduit
D'une rainure en fonte où le jour s'introduit;
Perfide guet-apens! tirelire traîtresse!
Tout ce qui de nos doigts glisse par maladresse,
Pièce d'or ou d'argent, bague, épingle, bouton,
Disparaît sans retour dans l'abîme glouton,

Et, cent fois, les rebords de cette barbacane

Ont tordu par le bout mon parapluie à canne.

Ce sont là, diras-tu, des maux minutieux,

Je l'avoue; aussi bien je vais tourner tes yeux

Sur le gouvernement des publiques voitures,

Texte toujours fécond en tristes aventures.

Et d'abord, tu le sais, la prudence défend

Tout char entre des mains ou de femme ou d'enfant,

Et veut, à l'avenir, que, sous peine d'amende,

Aux chevaux périlleux un homme seul commande.

Qu'à jamais dans la rue et même sur les quais

Soient proscrits par la loi ces funestes haquets

Qui vont râflant la foule avec leur queue énorme.

Qu'on frappe sans pitié de la même réforme

Ces traîneaux de brasseur qui, dépourvus de train,

D'un lacet homicide écorchent le terrain.

Que ta sévérité tombe avec énergie

Sur tous les numéros de place ou de régie,

Sur le délabrement de ces fiacres hideux

Qui craquent sous l'effort d'un cheval ou de deux ;

Tu l'as promis ; avant que cet an s'accomplisse,

L'inflexible examen de ta haute police

Frappera d'interdit les cochers trop grossiers,

Les chars trop vermoulus, les impotents coursiers.

Pauvres forçats ! en vain leur mobile squelette

Invoque le néant promis à la Villette,

Il faut qu'avant ce jour, sur le sol de Paris,

Mille fois en détail ils tombent équarris,

Qu'ils rongent de leurs dents le brancard ou la borne,

Que, tant qu'avec leurs pieds armés d'un bout de corne

Ils pourront se traîner au maréchal-ferrant,

Ils marchent sans repos, comme le Juif errant.

La loi doit son appui même à ces créatures :

Outre que la pitié souffre de leurs tortures,

Que le cœur sympathise à leurs derniers abois,

L'équité ne veut pas qu'un honnête bourgeois

Qui, pour expédier une pressante affaire,

Au-delà du tarif paie un célérifère,

Et qui s'attend à voir à son cabriolet

Un vrai cheval ayant ses jambes au complet,

Trouve pour attelage un fabuleux tripède

Que n'a jamais connu Buffon ni Lacépède.

Combien d'autres sujets dignes de nos clameurs!

Quoique tu sois fervent pour le maintien des mœurs,

Et que l'impureté tremble sous ton empire,

Toujours sur quelque point sa licence transpire.

Sans porter au théâtre un zèle puritain,

Réprime ces tableaux, ces groupes d'Arétin,

Où les acteurs, changés en lascives statues,

Étalent au public des formes non vêtues,

Et, sous l'étroit maillot, vainement agrafé,

Des détails de leur corps montrent jusqu'au raphé.

Oppose à tout poison un actif antidote :

Ne crains pas de sévir contre ces tables d'hôte

Qui pensent se soustraire à l'œil de Delessert;

Surveille leur repas et surtout leur dessert;

Sous le pastel dartreux qui couvre leurs membranes

Reconnais cet essaim de splendides sultanes

Qui jadis, dans leur luxe à peine décati,

Exploitaient la roulette à l'hôtel Frascati,

Et qui, depuis que l'âge a bistré leurs paupières,

De ces lieux ambigus invalides croupières,

Pincent dans leurs filets l'étudiant en droit,

Ou l'Anglais fraîchement débarqué du détroit.

Descends plus bas encor, car, privilége étrange !

Ta main sans se souiller peut remuer la fange,

Descends, qui descendons, une torche à la main,

Jusqu'au fond du cloaque où tombe l'être humain :

Que de fois, saisissant ces natures flétries,

Au bois Eliséen, foyer de leurs Spinthries,

Le croc de tes agents dans la nuit d'un cachot

Traîna, la corde aux reins, l'androgyne encor chaud !

Chaque jour, grâce à toi, le vice qu'on tolère

Se refoule en des lieux où la nuit est moins claire,

Au quartier *Montorgueil*, au *Louvre*, aux *Jacobins* ;

Les *colonnes* n'ont plus leurs priapiques bains ;

Le long des boulevards par moins nombreuse filo

Erre, plus circonspect, l'escadron phallophile ;

Il n'ose plus, coiffé de fleurs et de clinquants,

Déployer son cynisme en gestes provocants,

Et sur l'obscénité de la croisée ancienne

Ton implacable édit a tiré la persienne.

C'est avoir fait beaucoup ; il faut plus faire encor :

La nuit venue, au seuil d'un étroit corridor,

Et même dans la rue où son corps se dilate,

La vieille proxenète, à paupière écarlate,

Proclame, en exhalant des vapeurs d'alcool,

Ses houris de seize ans qui meublent l'entre-sol ;

Sous les yeux de la vierge et de la chaste épouse,

Plante un ongle crochu dans le frac ou la blouse,

Arrête le vieillard ou l'imberbe écolier,

Et brusquement les pousse à l'immonde escalier.

Impose le silence à ces grasses harpies ;

Sur un noir escabeau mornement accroupies,

Qu'elles n'osent lever ni la voix ni le front ;

Le nocturne rôdeur qui cherche un amour prompt,

A ces types hideux, sans autre caducée,

Reconnaîtra d'abord l'infâme gynécée.

Archonte du Forum ! tes yeux doivent tout voir ;

L'humanité me fait un rigoureux devoir

D'invoquer ton secours contre une barbarie

Qui s'offre à chaque pas, et dont l'âme est meurtrie :

Sitôt qu'un architecte ou maçon, quel qu'il soit,

Bâtit d'une maison la façade ou le toit,

Une sage mesure, au pied de l'édifice,

Place un pauvre manœuvre, offert en sacrifice,

Qui, le front découvert et la règle à la main,

Au peuple inattentif fait rebrousser chemin.

C'est fort bien, à coup sûr, que la foule bourgeoise

Évite de passer sous la tuile ou l'ardoise ;

Mais lui, de ce danger qui vient le garantir ?

De quel droit lui fait-on ce rôle de martyr ?

Prends-le sous ton égide; ordonne à l'architecte,
Au lieu de le traiter comme une chair abjecte,
De protéger son front qui s'expose au trépan,
D'une coiffure en tôle ou d'un épais turban.

Je recommande encore à tes bontés humaines
L'hydrophore Auvergnat qui remplit nos fontaines;
Bien que son double seau, métallique appareil,
M'inflige bien souvent un précoce réveil,
Je gémis, chaque fois que je contemple un homme
Remplaçant au brancard une bête de somme;
Mais l'objet qui surtout excite ma pitié,
Et trois fois plus que lui, c'est sa frêle moitié
Qui, prêtant son épaule à la dure bretelle,
S'associe au timon où le mari s'attèle,
Ou bien, crispant ses mains contre la tonne d'eau,
Pousse, comme Sisyphe, un accablant fardeau.
Quoique sa volonté librement la dévoue
A seconder l'effort de la tardive roue,

Tu ne dois pas souffrir cet affligeant aspect;

Non, l'état de nos mœurs, la pitié, le respect,

Tout nous dit que ce sexe, ornement domestique,

Se dégrade à tenter un métier athlétique;

Tout nous dit qu'une femme en cheval de labour

Ne doit pas se changer, fût-elle de Saint-Flour.

Du Paris d'aujourd'hui ce n'est là qu'un sommaire;

Sur mille autres abus dont Lutèce est la mère,

Si j'avais le loisir de parler en Caton,

Je ferais un volume au lieu d'un feuilleton;

Je te signalerais comme quasi-complice

Le costume d'été de ta propre milice,

Qui, la nuit, par l'éclat de ses pantalons blancs,

De loin donne l'éveil aux malfaiteurs tremblants;

Je te dirais, parmi les délinquants célèbres,

Qu'infracteur de la loi qui le voue aux ténèbres,

Se montre en plein soleil, quoiqu'on cherche à le fuir,

L'inodore Domange, en chasuble de cuir;

Je te dénoncerais l'aquatique laitière

Qui du pavé commun se rend usufruitière ;

Les arroseurs publics transformant, au mois d'août,

La poudreuse chaussée en un fangeux égout ;

Les enseignes portant des mensonges notoires.

Mais il faut faire trève à ces réquisitoires ;

Par un trouble imprévu je me sens assailli ;

Un des mille accidents que j'ai mis en oubli,

A travers les rideaux, les volets et la vitre,

Disloque ma pensée et tronque cette épître ;

C'est en vain que je veux poursuivre, je me tais,

Je m'arrête, je cède au rustre Piémontais

Qui, du fond d'une cour, porte dans ma retraite

L'orgue de Barbarie, ennemi du poète ;

Et puisque Marsyas nazille ses refrains,

Apollon assourdi clôt ses alexandrins.

Imprimerie Lange Lévy et Comp., 16, rue du Croissant.

A O'CONNELL

L'IRLANDE.

Interim fames omnem terram vehementer premebat.
Genesis, cap. XLIII, v. 1.

Oui, Daniel O'Connell ! ton rôle sur la terre

De la grandeur antique offre le caractère ;

Oui, Dieu te suscita dans les conditions

Des régénérateurs qu'il donne aux nations ;

Il a mis dans ton sein le courage et l'audace,

L'instinct de l'avenir, la volonté tenace,

1847

Et la foi, ce levier qui soulève les monts ;

Il te donna, de plus, de sonores poumons,

Un corps infatigable aux luttes du génie,

Un œil rempli d'éclairs qui brave l'insomnie,

Un corps cyclopéen, au torse dè géant,

Qui subjugue toujours le vulgaire béant,

Et sur les flots émus d'un immense auditoire

Fait que l'orateur plane, ainsi qu'un promontoire.

Enfin pour te marquer d'un ineffable sceau,

Comme s'il eût voulu même sur ton berceau

Jeter le merveilleux d'un lisible horoscope,

Un étrange destin te fit naître en Europe,

Le jour où Washington, comme toi suscité,

Du monde américain fonda la liberté.

Dans l'histoire biblique, ou profane, ou chrétienne,

Quel grande figure opposer à la tienne ?

Quel nom d'homme gronda sur un si haut sommet ?

Je n'en trouve que deux : Moïse et Mahomet.

Comme le chef hébreu, sublime démagogue,

Secouant ton *repeal* ainsi qu'un décalogue,

Tu promènes ton peuple au désert de Seïr ;

Mais souvent Israël refusait d'obéir ;

Tandis que, sans entrer dans la terre promise,

Quarante ans à ta voix l'Irlande fut soumise.

Mahomet, comme toi, sur ses pas triomphants

D'un zèle fanatique embrasait ses enfants ;

Mais il ouvrait sa route avec le cimeterre ,

Et tu poursuis la tienne en proscrivant la guerre ;

Non, tu sortis d'un moule exprès fondu pour toi :

Monarque sans couronne et pourtant plus que roi,

Prophète, citoyen, législateur, apôtre,

Tu tiens de tous les deux , sans être l'un ni l'autre.

Sans doute, en d'autres temps et sous bien d'autres cieux,

La fortune illustra de grands séditieux ;

Plus d'un Mazaniello , sorti de sa gondole,

De ses concitoyens fut l'éphémère idole;

Le peuple a bien souvent couronné de sa main

Des têtes qu'il devait couper le lendemain ;

On a vu des tribuns, des Gracques téméraires,

Enivrant le forum avec des lois agraires ,

A travers sa faveur passer comme l'éclair ;

On a vu des tyrans , protégés par le fer,

Dans une citadelle étroitement murée ,

Ménager à leur règne une longue durée ;

Mais qu'un homme sans titre et libremeut élu

Dispose d'un royaume en despote absolu ;

Que toute solitude où le hasard l'installe

Se peuple tout à coup comme une capitale ,

Et que ce même sol, de tant d'hommes couvert,

Redevienne à sa voix un immense désert ;

Que les mêmes houras qui frappent son oreille

Eclatent chaque jour aussi haut que la veille ;

Qu'une contrée entière, au geste de son doigt ,

Passe de la fureur au calme le plus froid ;

Qu'elle porte aujourd'hui des toasts à ceux qu'il aime ;

Demain, à ceux qu'il hait qu'elle crie anathème !

Et qu'un pareil pouvoir soit debout quarante ans ,

Voilà ce que n'a vu nul peuple en aucun temps.

Quelle force magique ainsi te régénère ?

Ton corps nerveux dément le septuagénaire ;

On croirait aujourd'hui que l'astre de Dublin

Vers son brûlant midi repart de son déclin ;

Comme à tes premiers jours, fulminant météore,

Tu passes, d'un seul bond, de Dingle au cap Bengore ;

Quel homme ! l'âge antique eût dit : Quel demi-dieu !

Il prescrit un meeting à telle heure, en tel lieu ;

O miracle ! au lieu fixe, à l'heure convenue,

Le sable des chemins forme une vaste nue;

C'est un bruit de hameaux, de bourgs et de cités,

Qui, vers leur Josaphat, marchent ressuscités ;

C'est tout un océan, roulé par les tempêtes.

Il paraît au milieu de cinq cent mille têtes,

Agitant dans ses mains la foudre de ce bill

Qu'entendirent gronder Clontarf et Tara-Hill;

Il souffle au fond des cœurs ses puissantes colères,

Il gonfle jusqu'au ciel les vagues populaires;

Puis il ne fait qu'un signe et réprime leurs bonds.

Ainsi que James Watt, d'incandescents charbons

Il remplit jusqu'aux bords la béante fournaise,

L'attise avec le fer, sitôt qu'elle s'apaise;

Agglomère, à flots noirs, l'ardente exhalaison,

L'irrite, l'exaspère au creux de sa prison,

Et dès qu'il la voit prête à briser sa caverne,

D'un bras dominateur la dompte et la gouverne.

Ainsi, deux volontés, par d'intimes accords,

Se mêlent l'une à l'autre et forment un seul corps.

O d'une double force admirable harmonie!

Indissoluble nœud du bras et du génie!

De l'homme et du royaume ensemble solennel!

O'Connell c'est l'Irlande, et l'Irlande O'Connell.

Avec ces éléments que ton âme féconde,

Avec un tel levier qui remûrait un monde,

Qu'as-tu fait jusqu'ici, futur libérateur?

A force d'agiter ton bras insurrecteur,

Tu n'as pu que forcer l'égoïste Angleterre

A recevoir sa sœur au banc parlementaire,

Privilége fatal qui donne à quelques lords

La triste liberté de s'appauvrir dehors.

Ce n'est là qn'un lambeau d'un immense apanage,

Ton peuple n'est toujours qu'un serf du moyen âge;

Une arme dans ses mains est un sujet d'effroi;

Pour lui le couvre-feu sonne encore au beffroi.

Sur des champs affermés où la fièvre le mine,

Le vassal, tous les ans, récolte la famine;

Les navires anglais emportent ses moissons;

Sa terre est dévolue aux avares Saxons.

Les descendants des rois, des chefs de l'Hybernie,

Courbés sous le fardeau d'une gloire ternie,

Sont valets de charrue, et, le deuil dans les yeux,

Labourent le domaine où régnaient leurs aïeux.

Tenanciers de la mort, lugubres feudataires,

Le suc de leur terrain, le sang de leurs artères,

Sustentent les plaisirs des satrapes bretons;

Le désespoir les jette à ces maîtres gloutons;

Leurs filles vont servir à d'obscènes tortures,

Leurs fils sont dévorés par les manufactures;

Ils ne peuvent pas même, en des climats lointains,

Aller chercher la tombe ou de meilleurs destins,

Car il faut bien laisser sa proie au minotaure,

Des troupeaux irlandais il faut qu'il se restaure.

Et pour l'indemniser de ce qu'il engloutit,

Pour lui payer les frais de son large appétit,

Que donne le grand peuple à cette sœur qu'il mange ?

O calcul judaïque ! il lui donne en échange,

Il lui vend tous les ans pour quatre millions

Un ridicule amas de putrides haillons,

Tout ce noir résidu de hardes élargies

Où John Bull et Falstaff ont sué leurs orgies,

Le hideux vestiaire infecté de poisons,

Qu'il arrache au rebut de ses mille prisons ;

Les vaisseaux brocanteurs de la mère patrie

Portent aux bords voisins l'infâme friperie,

Se pavoisent de fracs et de pourpoints anglais ;

La défroque du maître est vendue aux valets,

Et la joyeuse Irlande habille ses fantômes.

Non, depuis qu'il existe au monde des royaumes,

Nul peuple ne subit, même précairement,

Cet excès de misère et d'avilissement.

Peuple déshérité! tu portes même envie

Au sauvage privé des choses de la vie

Qui promène sa faim dans les libres déserts,

Au nègre, qui, du moins, est nourri dans les fers ;

Tu vis, sans être libre, à l'état de sauvage ;

Esclave, tu n'as pas le pain de l'esclavage ;

Tu ne t'habilles pas, afin de te nourrir,

Et tu ne manges pas, afin de te couvrir.

O surcroît de douleurs! le fléau sédentaire

Avec plus d'âpreté sévit sur cette terre ;

Le sol a refusé les plus vils aliments ;

Tout ce que la famine étale de tourments

Entre les murs étroits d'une ville assiégée,

Dans toute une île vaste atteint son apogée.

C'est la mort qui se montre à tous les horizons,

C'est la tour d'Ugolin à toutes les mais ons ;

Au bord des mers, au sein des terres désolées,

Dans la plaine, au milieu des profondes vallées,

Des sommets de Galtee aux crêtes du Néphin,

Partout rampe, partout escalade la faim.

Sous la hutte de boue, impuissante muraille,

Où l'air siffle à travers la toiture de paille,

Les uns, dans un muet et sinistre repos,

Pêle-mêle accroupis, ainsi que des troupeaux,

Meurent les doigts crispés sur leurs fils ou leurs pères ;

La Charité, qui vient au seuil de ces repaires

Jeter un pain de seigle à ces spectres humains,

Craint de voir dévorer ses virginales mains.

D'autres errent au loin par innombrables bandes

A travers les ajoncs, les marais et les landes,

Arrachant au hasard, de leurs doigts amaigris,

L'écorce des bouleaux et des pins rabougris ;

Ils tombent en suivant la funèbre colonne,

Et de squelettes nus leur route se jalonne ;

L'etranger que le sort égare en cet endroit,

Effrayé, s'en éloigne et le montre du doigt,

Ou, s'il ose observer ce hideux entourage

De cadavres terreux et tordus par la rage,

Il trouve entre leurs dents, étrange épouvantail!

L'herbe des champs que Dieu créa pour le bétail.

Aux cris désespérés qui sortent de cette île,

Que fait sa noble sœur dans sa terre fertile?

Du golfe de Carlisle au canál de Bristol,

Elle écoute, en collant l'oreille sur le sol,

Elle rêve, elle flotte entre les deux urgences,

De lui faire justice ou d'armer ses vengeances.

La pauvresse qui hurle et meurt à ses côtés

Jette un deuil flétrissant à ses prospérités;

Sa haine lui fait peur, sa plainte l'importune.

Comme un homme comblé des dons de la fortune,

Mais rongé par la dent d'un ulcère mortel,

Erre, le front pensif, dans son immense hôtel

Et traîne dans son luxe un marasme chronique,

Telle, dans ses splendeurs, la reine océanique,

Les bras et les cheveux parés d'un riche écrin,

Sous sa triple couronne étale un front chagrin ;

Elle a beau contempler, sous son dur monopole,

Vingt archipels semés de l'un à l'autre pôle,

Cent peuples dont à peine elle connaît les noms,

Toutes les mers tremblant au bruit de ses canons,

Les fers du monde entier forgés sur son enclume :

Un éternel souci l'assiége et la consume ;

Sur la sœur qu'à ses bords la nature accola

Ses yeux restent fixés : l'Irlande est toujours là ;

Elle craint de la voir marcher vers son empire,

Pareille à la forêt que fit mouvoir Shakspeare ;

C'est la pointe d'acier qui pend sur son festin,

Son cancer jécoral, son vautour intestin ;

C'est la fatale Erin, bien justement nommée,

L'Erynnis du Tartare, à la torche enflammée,

Qui la suit à grands pas, qui s'attache à ses flancs,

Et fascine ses yeux de fantômes sanglants.

Et toi, non moins troublé que l'Angleterre même,

Par quel chemin crois-tu sortir de ce problème ?

Destructeur pacifique, as-tu toujours l'espoir

De rompre sans la force un accablant pouvoir ?

Non, ce rêve d'enfant n'est plus dans ta pensée ;

De jouer aux meetings l'Irlande s'est lassée ;

Ne tente pas l'épreuve une nouvelle fois,

Ton peuple mutiné serait sourd à ta voix ;

La secousse du mors a tant brisé sa bouche,

Que ton cheval s'est fait insensible et farouche.

A la suprême cour où pend son grand procès,

L'Irlande ne prend plus de part à tes succès ;

Que lui font les débats des Whigs et des Tories ?

C'est du pain qu'il lui faut et non des théories.

Et le pain, tu le sais, le pain le plus grossier

Provient d'un moisson qu'on coupe avec l'acier.

L'Irlande d'aujourd'hui, celle qui n'est pas chauve,

Sait ce qu'exige un peuple et comment on le sauve.

Ce n'est pas seulement par de fougueux discours,

Des sarcasmes amers et des grognements sourds,

En étouffant cent fois le germe près d'éclore,

En tirant, en un mot, le fer par métaphore.

Ces moyens furent bons dans le commencement,

Mais de tout grand dessein l'acte est le complément ;

Le jour vient où, livrés au peuple qui travaille,

Les forums et les clubs sont des champs de bataille.

Ainsi l'ont pratiqué tous les grands fondateurs,

Mahomet et Cromwell, soldats prédicateurs ;

Quand la bouche a parlé, c'est le bras qui se lève ;

La parole renverse, on fonde avec le glaive.

Hâte-toi, de ton peuple observe le maintien ;

Un pouvoir colossal surgit devant le tien ;

Au-dessus de ta voix la Jeune Irlande gronde ;

Regarde ! sa Montagne écrase ta Gironde ;

Elle a compris qu'il faut, dans les rébellions,

Moins grogner en pourceaux que rugir en lions,

Qu'un vrai meeting n'est pas un cercle de famille,

Mais un volcan qui crève et broye une bastille ;

Que désormais le glaive est son unique appui :

Toi, tu dis : A demain ! elle crie : Aujourd'hui !

Choisis donc, O'Connell! l'heure te le commande,

Choisis entre la jeune et la caduque Irlande.

Ose monter, ou reste au-dessous du niveau,

Abdique ton vieux rôle, ou remplis le nouveau.

Si tu crois cependant que, pareil à Moïse,

Tu ne dois pas entrer dans la terre promise,

Du suprême pouvoir par toi destitué,

Revêts-en tes deux fils, comme lui Josué,

Lègue-leur en commun cet héritage immense ;

Leurs bras le saisiront, mais toi-même commence ;

Que ce mot de *repeal* si longtemps suspendu

Au front du parlement éclate inattendu ;

Donne de ta vigueur cette dernière marque.

L'homme qu'un peuple traite à l'égal d'un monarque

Aux jours des grands périls le mérite bien peu,

S'il ne monte à cheval et ne court pas au feu.

Éternel avocat de tes malheureux frères,

Puisque, pour remplacer tes riches honoraires

Du temps où tu plaidais pour les murs mitoyens,

Tu frappes d'un tribut ces chers concitoyens ;

Puisque, même réduite à sa dernière obole,

L'Irlande la consacre à payer ta parole,

Qu'elle te vote enfin, je ne sais trop pourquoi,

Une liste civile... ose donc être roi.

Imprimerie Lange Lévy et Comp., 16, rue du Croissant.

ZODIAQUE

A M. BERRYER.

LA LÉGITIMITÉ.

Si Pergama dextrâ
Defendi possent, etiam hàc defensa fuissent,
Virg., *Æneid.*, lib. 2.

Rien n'est plus dangereux que de jouer sa gloire,

Berryer! tu le savais quand, dans le Maine-et-Loire,

Tu daignas soutenir l'élu de Quimperlé;

Ce fut l'erreur d'un jour : qu'il n'en soit plus parlé.

Un autre en subirait la rude conséquence;

Mais nous te pardonnons, prince de l'éloquence !

Pourvu qu'à l'avocat, surtout au député,

Deux fois un tort pareil ne soit pas imputé.

Ne mets pas en oubli ce que ton nom t'impose;

Généreux défenseur de toute noble cause,

Au prétoire, au forum, domine sur les rangs

De la foule et de ceux même qui semblent grands.

Je ne fais point injure à d'autres renommées

Que la France applaudit et que j'ai proclamées;

Oui, certe! la tribune a plus d'un fort soutien;

Mais nul talent n'y monte à la hauteur du tien.

Toutes ces facultés qui forment l'auréole

De l'homme qui se voue à l'art de la parole,

Je les retrouve en toi, telles que les rhéteurs

Les prescrivent pour base aux parfaits orateurs.

L'étude et le travail peuvent donner sans doute

Un langage entraînant que notre ivresse écoute,

Le savoir qui fournit la substance au discours,

La logique qui règle et dirige son cours,

La période large et pourtant condensée,
Les splendides dehors que revêt la pensée;
Tout cela peut venir de l'étude et de l'art;
Mais un don non moins beau dont le Ciel t'a fait part,
Ce qui ne s'acquiert pas, non plus que le génie,
C'est l'homme extérieur où tout est harmonie;
C'est un bras, une pose empreints d'autorité;
C'est un œil tour à tour poignant et velouté,
Qui tantôt nous foudroie et tantôt nous caresse,
Cet œil qui distinguait l'orateur de la Grèce;
C'est ce timbre sonore, écho du cœur humain,
Qui manquait trop souvent à l'orateur romain :
Voilà ce qui te fit surgir au rang suprême.

Quel immense regret pour nous et pour toi-même!
Car sans doute aux regrets tu te livres parfois,
Quelle fatalité! qu'une si grande voix
Ne se soit pas donnée au parti populaire!
Qu'au lieu d'offrir au monde un phare qui l'éclaire,

Ta lampe sans profit s'use sur un tombeau !

Formé des éléments d'où jaillit Mirabeau,

Fécondant comme lui l'ordre nouveau des choses,

Ton nom serait mêlé dans nos apothéoses ;

Sous des cieux inconnus qu'elle verrait ouverts

La terre salûrait ta foudre et tes éclairs ;

Que d'encens et de fleurs autour de tes images !

Au lieu de ces transports, de ce tribut d'hommages

Qu'un peuple tout entier décerne à son élu,

Apôtre vigoureux d'un dogme vermoulu,

Ton peuple se réduit à quelques gentilshommes

Qui ne savent pas voir en quel siècle nous sommes,

Qui jugent un talent qu'ils ne comprennent pas,

Et mesurent ton vol à leur étroit compas ;

C'est le noble clergé d'une église mondaine,

Le faubourg Saint-Germain et la cour de Modène ;

C'est la vieille marquise, infirme du cerveau,

Qui tousse, en te lisant, un catarrheux bravo.

Encor, ces hauts clients, si l'on veut les entendre,

Te comptent pour beaucoup l'honneur de les défendre,

N'acceptent que par grâce un appui roturier,

Et tu n'es rien pour eux que l'avocat Berryer.

Conviens-en, si tes yeux ne sont pas sous un prisme,

Ta légitimité n'est qu'un anachronisme ;

Tu le sais, toi, surtout, qui de si près les vois,

Qui sondes leur puissance et supputes leurs voix,

Et qui, tous les matins, avant que tu te lèves,

Es contraint d'écouter le récit de leurs rêves ;

Tu le sais mieux que nous : l'antique droit divin

Est un mythe sans force, un simulacre vain ;

Et, bien que par toi-même ardemment défendue,

Cette cause obstinée est pour toujours perdue.

Depuis la nuit célèbre où leur pâle blason

Fut, comme un vain hochet, brisé par la raison,

Depuis qu'aux écussons de ces vieilles hoiries

L'orgueil impérial mêla ses armoiries,

Leur prestige est détruit ! débile fraction,

Ils vivent isolés parmi la nation ;

Bien loin de ressaisir leur vieille préséance,

Ils sont à tout jamais frappés de déchéance ;

Leur aveugle parti s'enfonce sous les eaux ;

Cependant, cramponnés à de flottants roseaux,

Ils espèrent sauver le navire qui sombre,

Et s'abusent au point de vanter leur grand nombre.

Où donc se trouve-t-il, ce grand nombre ? Comptons :

Nous voyons, en effet, quelques seigneurs bretons,

Boudant la jeune époque au fond de leurs repaires,

Quelques plats Marseillais, indignes de leurs pères,

Don-Quichottes marchands qui, jusque sur leurs toits,

Hurlent de vains cartels dans leurs rauques patois ;

Joignons-y, si l'on veut, pour arrière-brigade,

Cinq ou six Pairs au pas goutteux et rétrograde,

Autant de Députés qui, le soir, à huis-clos,

Charment les grands salons de leurs petits complots,

Et traînent avec bruit un long fourreau sans lame,

Voilà ceux qui voudraient relever l'oriflamme.

Encor les défenseurs de ce drapeau tombé

Chaque jour dans leurs rangs trouvent un Dugabé ;

Encor leurs propres fils, dès qu'ils ont l'âge adulte ,

De ces pères rétifs abandonnent le culte,

Et, jaloux de marcher avec nous de niveau,

S'enrôlent franchement au régime nouveau.

C'est peu que par le temps ton parti se dissoude,

La vieille monarchie est en proie à Genoude;

Pour la frapper d'un coup plus prompt et plus certain,

Le sort a suscité ce Danton sacristain ;

Laïque ambitieux, lorsque le parti-prêtre

Croyait qu'un Mazarin tôt ou tard serait maître,

Il se fit tonsurer pour être cardinal;

Depuis, toujours armé de son terne journal ,

A force d'annoncer l'infaillible naufrage

D'un peuple qui n'a pas l'universel suffrage,

De se glorifier lui-même chaque soir

Par les mains de Lourdoueix qui porte l'encensoir,

De se faire adresser, dans sa monomanie,

Des brevets de grand homme et d'éminent génie,

Il a si bien surpris le peuple toulousain

Qu'à la chambre élective il s'est fait ton voisin.

Là, pour l'absolutisme ou la démagogie,

Sous le bonnet de prêtre ou celui de Phrygie,

Débitant le fatras de ses lourds numéros,

Il se pose en Dom Gerle aux états généraux,

Et sur l'air d'*Henri-Quatre* et de la *Marseillaise*

Chante mil huit cent quinze avec quatre-vingt-treize.

Mais il essouffle en vain ses caverneux poumons,

Le Centre inattentif rit de ses froids sermons,

La Gauche ne veut pas de sa palinodie;

De ses vieux adhérents l'effroi le répudie,

On redoute sa charte autant que son missel,

Le suffrage pour lui n'est pas universel;

Et ce n'est point assez que, sur sa face blême,

Benoît en pleine chambre ait lancé l'anathême,

On dit que, de le voir un salon peu jaloux,

L'a naguère éconduit par la main de Faloux.

C'était par d'autres bras qu'elle était secondée

Cette cause, aux grands jours de la sainte Vendée,

Alors qu'elle lançait un peuple de héros

Contre la république et tous ses généraux ;

Ils ne se bornaient pas à des jactances vaines,

C'était un sang meilleur qu'ils portaient dans leurs veines,

Ces hommes qui laissaient leur manoir ou leur champ

Pour combattre et mourir sous Lescure et Bonchamp.

Où sont les héritiers de ces grands caractères ?

Plus d'encre que de sang coule dans leurs artères ;

La plume métallique, entre leurs maigres doigts,

Du sabre paternel travestit les exploits ;

Au lieu de bataillons ils font des coteries ;

Ils sont à chuchoter des conspirailleries,

Et, chez un imprimeur, trouvant des arsenaux

Pour soutenir la guerre, équipent leurs journaux ;

Que dis-je ? leurs journaux, inutile holocauste,

Incessamment rongés par le timbre et la poste,

Ne trouvant pour salut que de vivre en commun,

De quatre qu'ils étaient se sont fondus en un ;

Leurs vieux soutiens mouraient quand on osait proscrire,

Leurs héros du moment n'osent même souscrire,

Et les blancs étendards, de balles sillonnés,

Comptaient plus de soldats qu'aujourd'hui d'abonnés.

Quel malheur ! quel regret! je te le dis encore,

Que ton flambeau, non moins brillant qu'à son aurore,

Se consume sans fruit dans le Palais-Bourbon

Comme un cierge funèbre autour d'un moribond !

Ce n'est pas, toutefois, qu'embaucheur populaire,

De ton loyal chemin je veuille te distraire,

Que je te sollicite à renier ta foi ;

Le rôle de transfuge est indigne de toi.

Non, je ne tente pas ta ferme conscience ;

Tu ne saurais fléchir jusqu'à notre alliance,

C'est bien ; reste fidèle à d'illustres proscrits ;

C'est un culte sacré que celui des débris ;

Plus un parti vaincu descend au précipice,

Plus celui qui le sert fait un beau sacrifice,

Et ceux qui seraient fiers de te voir dans le leur

D'un pareil dévoûment respectent la chaleur.

N'importe qu'il réprouve où suive ton système;

Chaque parti t'honore; il va plus loin, il t'aime;

Dans le monde, à la Chambre, aux rangs les plus distincts,

Ton zèle pour les arts, tes généreux instincts,

Tes faveurs de langage entre tous réparties

Trouvent également de justes sympathies;

Mais ce qui justifie encor mieux ce pouvoir,

C'est qu'aux jours solennels tu nous fis toujours voir

Qu'il est un cœur français au fond de ta poitrine,

Que tu prends avant tout pour base de doctrine

L'honneur, la dignité, la gloire du pays,

La sainte horreur de voir nos foyers envahis;

Que tu ne voudrais pas, dans la sanglante lice,

D'un triomphe obtenu par l'étranger complice,

Et que tu maudirais le conseil imprudent

D'un nouveau Culloden au royal Prétendant.

Ainsi, bien que la France à jamais le déplore,

Continue à porter ton enseigne incolore,

Et sois encor heureux qu'en t'immolant pour lui

Ton parti veuille bien te nommer son appui,

Sa colonne... oui pareille à celles de Palmyre

Qu'en passant au désert l'archéologue admire,

Qui, parmi les tronçons d'un temple assyrien,

Dressent aux cieux leur tête et ne supportent rien.

Oh! dans ce monde obscur quel fil caché nous mène!

Robuste laboureur d'un stérile domaine,

Des sueurs de ton front en vain tu le trempas,

Il ébauche des fruits qui ne mûriront pas ;

La moisson qu'aujourd'hui sème ta main trompée

Par le peuple joyeux ne sera pas coupée.

Après beaucoup de bruit et d'honneurs éclatants

Ton nom aura passé dans les limbes du temps,

Comme le Rhin qui gronde en abreuvant ses rives,

Déroule avec orgueil de larges perspectives,

Fait retentir les rocs de ses immenses bonds,

Et se perd au milieu des sables inféconds ;

Ou comme ce vaisseau d'apparence illusoire

Dont le marin crédule aime à conter l'histoire,

Qui, sous de sombres nuits, fantôme audacieux,

De sa blanche voilure hallucine les yeux,

Agite son fanal reflété par l'abîme,

Creuse la vague noire où son sillon s'imprime,

Et sur les vastes mers du Midi jusqu'au Nord

Erre éternellement, sans entrer dans un port.

Moi, surtout, qui passai mon enfance chrétienne

Au collége claustral où s'instruisit la tienne,

Et que la poésie, irrésistible aimant,

Attire encor vers toi plus fraternellement,

J'ai souvent regretté qu'un immense intervalle

Séparât ton drapeau de ma tente rivale,

Et que la politique, avec sa loi de fer,

Me fît un ennemi d'un homme qui m'est cher ;

Silence ! ainsi le veut la dure destinée.

Mais du moins une fête existe dans l'année,

Un banquet solennel qui rapproche nos rangs

Et jette un armistice entre nos différends.

Loin des soins importuns qui suivent notre piste,

Là le républicain sourit au philippiste;

Ministère, réforme ou légitimité,

Tout disserte, tout vote à l'unanimité ;

Sous la même bannière ou la même férule

Nous redevenons tous les enfants de Bérulle,

Heureux de nous revoir, en nous serrant la main,

Égaux, frères, amis... jusques au lendemain.

Imprimerie Lange Lévy et Comp., 16, rue du Croissant.

ZODIAQUE

A LOLA MONTÈS

—

LA GYNOCRATIE.

> La société a mangé du fruit de l'arbre de
> la science du bien et du mal, presque tou-
> jours présenté par les femmes, cause ou
> occasion de tous les changemens qui arrivent
> dans les mœurs, et quelquefois dans les lois.
>
> DE BONNALD.

L'antiquité, si juste en ses apothéoses,

Dont le goût idéal épurait toutes choses,

En faisant de la femme une divinité,

Aux principes de l'art astreignit sa beauté.

1847

C'était peu de donner à ses formes insignes

La molle pureté des contours et des lignes :

Pour que l'œuvre atteignît sa plus haute valeur,

Elle en fixa la taille ainsi que la couleur

Et ne l'admit aux droits de la belle nature

Qu'avec le teint d'ivoire et la grande stature.

Hormis les noires sœurs qui tournaient leurs fuseaux ,

Aucune déité de la terre ou des eaux

Ne se montrait alors à l'humaine pensée

Sans la blancheur du front et la taille élancée :

Toute nymphe était blonde et plus que blonde encor;

L'Olympe s'embaumait de chevelures d'or.

L'âge moderne vint, dont le goût moins austère

De l'art falsifié changea le caractère;

Le caprice moresque à ses égarements

Asservit la beauté comme les monuments ,

D'une nouvelle idole, agaçante et fluette,

Sur un haut piédestal posa la statuette,

Et les hommes trompés partagèrent leurs vœux

Entre la Vénus brune et celle aux blonds cheveux.

Grâce à ce préjugé, d'origine barbare,

Qui, même de nos jours, obstinément compare

L'épiderme bistreux à l'éclatant carmin

Et la taille espagnole au grand type germain ;

Ou plutôt par l'effet des piquantes ivresses

De sentir la cravache à travers tes caresses,

Par ce secret pouvoir dont le subtil poison

Bien plus que l'hippomane égare la raison,

Par ce sang grenadin, magique électuaire,

Qui, dit-on, ressuscite un mort sous le suaire,

Lolla ! te voilà reine en dépit de la loi,

Sinon reine, du moins souveraine d'un roi.

Ninus sous ton empire a mis sa Babylone ;

Ton pied chorégraphique a bondi jusqu'au trône.

Depuis que sur la scène elle roidit l'orteil,

Therpsichore jamais ne fit un bond pareil.

Toi qui, naguère encore obscure baladine,

Heureuse d'arriver le soir en citadine,

Aux théâtres forains dansais le fandango

Telle qu'Esmeralda, jeune fille d'Hugo ;

Toi qui plus d'une fois, en quittant la coulisse,

Vers nos jeunes lions courus comme Harpalice

Et dans la Maison-d'Or, au fond d'un cabinet,

fis d'une de tes nuits l'enjeu du lansquenet,

Quel triomphe! ton doigt régit les deux Bavières :

Les ministres rétifs craignent tes étrivières ;

Si la sérénité s'annonce dans tes yeux,

Le plus fier courtisan se fait un front joyeux ;

Si ta lèvre se crispe, il jaunit de tristesse.

Que te ferait de plus le titre de comtessé ?

Que te reviendrait-il si l'orgueil bavarois

Du blason de ta jambe eût reconnu les droits ?

Va ! de ces vains honneurs ne te rends pas jalouse :

Tes parchemins à toi sont ta peau d'Andalouse.

Maintenant, si l'amour du royal Céladon

Chaque jour pour te plaire invente un nouveau don,

Dore de tant d'éclat l'idole qu'il encense

Et te submerge enfin dans sa munificence,

Faut-il s'en étonner ? Quoi ! parce qu'en public
Tes chevaux font trembler le pavé de Munich,
Que le luxe docile, alors que tu commandes,
Enveloppe ton lit de dentelles flamandes,
De velours et de soie habille tes salons
Et tend des Gobelins sous tes légers talons !
Faut-il de ses fureurs qu'un peuple te poursuive ?
Hérode en fit bien plus pour sa danseuse juive,
Et tu n'as jamais eu le caprice exigeant
De la tête d'un saint sur un plateau d'argent.
Non, tu n'excèdes pas les coutumes prescrites ;
C'est ainsi que les rois traitent leurs favorites.
Celui-ci, j'en conviens, d'un peuple ami des mœurs
Avec trop d'héroïsme affronte les clameurs :
Ce qui dans un sujet n'est qu'un simple scandale
Devient chez ses pareils faute pyramidale.
Sans songer que les dieux pour cacher leurs amours
D'un voile de vapeurs empruntaient le secours,
On dit que, dans la nuit, en plein soleil, n'importe,
Son carosse effronté se pavane à ta porte

Avec quatre estaffiers en habits de gala,

Afin que nul n'en doute, et qu'on dise : « Il est là ! »

Des écarts amoureux c'est forcer la limite.

Salomon à huis clos voyait sa Sunamite,

Et quand il visitait cette fleur de harem,

Il ne se montrait pas à tout Jérusalem.

Hélas ! dans le cerveau du prince le plus sage

Trop souvent à l'erreur le ciel livre un passage.

Je laisse aux puritains leur saint emportement.

Qu'on lance l'anathème à ton auguste amant;

Je n'ose de ces cris me rendre l'interprète

Et ne puis oublier que lui-même est poète;

Le sceptre a remplacé la plume dans sa main;

Depuis qu'il s'est assis sur un trône germain,

Il s'est ressouvenu, qu'en des heures trop brèves,

D'une pensée ardente il épancha les rêves,

Que sa lyre chanta sur l'hellénie en pleurs,

Qu'il **sut,** comme Byron, consoler ses douleurs;

Et le trouble obsédant dont son âme est saisie

N'est autre qu'un réveil de cette poésie.

Pauvre roi! fatigué du solennel fardeau,

Des plaisirs d'étiquette et tirés au cordeau,

D'une cour qui proscrit toute parole tendre,

Dans une autre atmosphère il aime à se détendre,

Il cherche à se sauver du flegme intérieur

Pour entendre au dehors un langage rieur,

Pour qu'une confidente, un peu moins agrafée,

Change un sceptre de plomb en baguette de fée.

Qui sait! peut-être au fond de tous ces entretiens

Il existe un mystère, un secret que tu tiens;

Peut-être qu'au moment où la stupide foule

Croit qu'en frivolités pour vous l'heure s'écoule,

Sur deux graves fauteuils pudiquement assis

Et livrés l'un et l'autre à de profonds soucis,

Au lieu des doux propos que la sagesse écarte,

Vous méditez le plan d'une future charte

Et travaillez sans fin, par d'intimes accords,

Au bonheur des ingrats qui murmurent dehors.

Oui, qui sait! car la main qui dirige ce monde,

La providence agit dans une nuit fécende,

Décrit un cercle immense à l'aide d'un compas

Qui tourne sur un point que nous ne voyons pas,

Et, réglant mieux que nous l'ordre mouvant des choses,

Produit les grands effets par les petites causes.

Cherchez bien, pénétrez jusques dans les replis

Des grands évènements jusqu'à nous accomplis,

Ne considérez pas leur surface illusoire;

Dè son raide manteau déshabillez l'histoire,

Dans son boudoir obscur furetez avec soin,

La femmè est toujours là dans quelque petit coin;

Pour levier, pour ressort, pour machine du drame,

Neuf fois sur dix, au moins, vous trouverez la femme;

C'est le vrai Talleyrand du monde officiel,

L'axe par qui se meut le politique-ciel,

C'est l'X qu'on rencontre au bout de tout problème.

Sous la pourpre des rois, jusques sous l'éphod même,

C'est elle qui préside aux révolutions,

Aux attentats marquants, aux nobles actions,

Qui détruit un empire et quelquefois le sauve :
Le secret de la terre est au fond d'une alcôve.

A cette vérité, si quelqu'un la dément,
Que de noms féminins s'offrent pour argument !
Ève, la désastreuse et grande pécheresse ;
Hélène qui, dix ans, bouleversa la Grèce ;
Esther sauvant un peuple en séduisant un roi ;
Lucrèce qui n'a rien de commun avec toi ;
Et cette Cléopâtre, enivrante syrène,
Que, sous les voiles d'or d'une molle carène,
Suivit le faible Antoine, esclave insoucieux
De l'empire romain qu'il perdait pour ses yeux.
Si de l'histoire antique on passe à la moderne,
C'est encor, c'est toujours la femme qui gouverne.
La folle Roxelane asservit les sultans ;
Pompadour entretient la guerre de sept ans ;
Les yeux d'Anne Boylen, allumant l'adultère,
A Rome catholique arrachent l'Angleterre ;

L'édit de Nantes meurt aux pieds de Maintenon.

Tu peux à cette liste associer ton nom ;

Mais les célébrités sont bonnes ou mauvaises,

Et les mêmes erreurs offrent des antithèses.

Notre siècle à ce point n'est pas intolérant

Qu'aux maîtresses des rois il donne un même rang :

Celle qui, dans la nuit d'un impur gynécée,

De son auguste esclave hébète la pensée,

Se couvre d'infamie et meurt dans l'abandon ;

Celle qui l'électrise achète son pardon.

Gagne le tien, Lolla ! ta faute est rémissible ;

Tu peux tout sur nn prince à qui tout est possible :

Au lieu de l'engourdir sur de moelleux coussins,

Fais palpiter son cœur pour de nobles desseins ;

D'un monument nouveau pose le frontispice.

La matière attend l'œuvre et le temps est propice.

Étendu sur le sol, le colosse allemand

Implore, à cris pressés, l'air et le mouvement, ...

Il s'agite, il veut faire un pas vers la lumière.

La Prusse intelligente a marché la première,

Elle a déjà conquis, outre le zollverein,

Un pacte qui l'allie aux droits du souverain.

O miracle imprévu! la Bavière elle-même

Régénère son front dans un nouveau baptême;

Du chaos féodal elle sort à demi;

Dans un morne palais son monarque endormi,

Opposant au progrès un cordon sanitaire,

Se courbait sous le joug d'un goutteux ministère;

Des moines, des soldats, de tenaces barons

Clouait à son tortil de gothiques fleurons .

Tout à coup un rayon effleure sa prunelle;

Le sombre *statu quo*, massive sentinelle

Que l'Autriche entretient dans les voisines cours,

Déserte ses donjons en criant, au secours!

Loyola, se couvrant la tête de sa robe

D'une terre maudite à grands pas se dérobe;

La Presse, qu'étouffaient de sacriléges lois,

Proclame son réveil avec ses mille voix;

C'est une aube sereine, une ère de clémence.

Lolla! si c'est par toi que cette œuvre commence,

D'un passé qui devait à jamais te ternir

Le présent t'absoudra, mais surtout l'avenir :

La tâche que tu prends est belle autant qu'ardue,

Mais, à moitié remplie, elle est toute perdue.

Si tu n'arrives pas au but de tes efforts,

Songe qu'il faut rentrer au mépris d'où tu sors ;

Que, maîtresse d'un roi, tu dois faire le compte

D'abriter ton erreur sous le lustre ou la honte,

De mériter un nom glorieux ou flétri,

Celui d'Agnès Sorel ou de la Dubarry.

Tu n'hésiteras pas à prendre le beau rôle,

Sans doute, ou ce serait mentir à ta parole :

Si j'en crois une lettre écrite de ta main,

Alors que de Munich tu choisis le chemin,

Par un plan généreux ton audace guidée

D'un amour politique avait conçu l'idée,

Et tu rêvais déjà dans ton grave cerveau

D'importer chez un peuple un système nouveau;

Car voici ce que dit cette lettre ingénue :

« C'est pour sevrer un roi qu'ici je suis venue. »

La métaphore est juste et le terme parfait;

Sevrer! par ce mot seul tu dis tout. En effet,

Quoique de filets blancs leur barbe se hérisse,

Que de rois de nos jours sont encore en nourice!

Emprisonnant leurs pieds dans des langes étroits,

Secouant à leurs yeux le hochet de leurs droits,

Jusqu'au jour où leur cendre à la terre se mêle,

La féodalité les pend à sa mamelle,

Et des germes impurs s'introduisent en eux

Avec son lait d'euphorbe, acerbe et glatineux.

Courage! à ce poison arrache ton élève,

Infiltre dans sa molle une meilleure sève,

Ton nom deviendra grand chez le peuple germain :

Qu'importe l'instrument, la source ou le chemin

Dont le destin se sert pour créer des merveilles?

Puisse-t-il inspirer à toutes tes pareilles

Qui veillent comme toi sur des vieillards enfants

Le soin de les soustraire aux maillots étouffants ;

Puisse leur douce main, à l'œuvre moins novice,

Des conseillers du mal remplacer le service,

Et, suivant désormais le mode bavarois,

Les femmes se vouer au sevrage des rois !

Imprimerie Lange Lévy et Comp., 16, rue du Croissant.

ZODIAQUE

A M. BLANDIN

L'ÉTHER.

In doloribus dormietis.
Isaïe, c. 58, v. 11.

Purifions l'autel de la Philantropie;

Un homme a fait entendre une maxime impie :

Qu'importe à la science, a-t-il dit froidement,

Que l'homme ait à subir plus ou moins de tourment?

1847

O blasphème! égoïste et dure insouciance!

Qu'importe au genre humain l'orgueil de la science?

Doit-elle sur nos maux craindre de s'attendrir?

Serait-elle moins grande en voyant moins souffrir?

Nous ne contestons pas, l'aveugle seul les nie,

L'élan de la pensée et l'essor du génie;

Oui, le progrès partout fermente à gros bouillons,

Dans des champs inconnus il creuse des sillons;

Tout s'agite, chacun veut découvrir un monde;

L'infatigable étude, en recherches féconde,

Nourrit incessamment d'un aliment nouveau

Cette faim de savoir, ténia du cerveau.

Des douleurs du travail la gloire nous console:

Le siècle qui trouva la Presse et la Boussole,

Qui fabriqua la foudre, en cherchant au hasard,

Et vit tourner la terre à la voix d'un vieillard,

Ce siècle a dû pâlir quand, dans son vieux domaine,

Il a vu la Vapeur soufflant son phénomène,

Volcan cosmopolite, au vol horizontal,

Qui marche, à notre voix, sur un fil de métal.

Il est beau qu'un jeune homme, un rêveur solitaire,

Ait dit : « a tel point fixe, invisible à la terre,

Dans un désert du ciel, non encor dessiné,

Il existe un soleil; » et qu'il ait deviné ;

Il était juste aussi qu'une telle conquête

Valût une couronne au conquérant prophète,

Et qu'on associât son nom contemporain

Au gigantesque enfant dont il est le parrain.

Oui, de ces riches dons notre âge se décore ;

Mais bien d'autres secrets qu'on peut trouver encore,

L'aréostat, jouet des vents capricieux,

Gouverné, tout à coup, dans les vagues des cieux ;

Mille penseurs plus forts que Newton et Laplace,

Mille soleils nouveaux révélés dans l'espace,

Pour la nature humaine auraient moins de valeur

Qu'un atome calmant la plus faible douleur.

O triomphe ! voilà qu'entre ses mains amies

La science commande aux douleurs endormies;

Son magique pouvoir verse un philtre glaçant·

Sur les infirmités de la chair et du sang,

Dans la vie insensible elle porte sa lame.

Gloire au sol généreux d'où nous vient ce dictame !

Ah! nous le proclamons , si l'Europe, autrefois,

Instruisit l'Amérique aux arts , aux mœurs, aux lois,

Elle donne quittance à sa noble cadette;

L'Amérique en un jour a bien payé sa dette.

Depuis que , suscité par le souffle divin ,

Un sage, recueillant un putride levain,

Aux veines de l'enfance infiltra ce baptême,

Et, rongeant le poison par le poison lui-même,

Dans son premier repaire, aux noires profondeurs,

Refoula le fléau crevassé de laideurs;

Jamais, secret occulte ou paré d'un diplôme,

Jamais présent plus beau ne fut transmis à l'homme;

Dans le monde savant, tant de fois obscurci,

Nul fait ne rayonna plus haut que celui-ci.

A peine ce génie au prisme somnifère,

Dans son rapide vol, toucha notre hémisphère,

Que la France sema des fleurs sur son chemin;

Comme un être céleste, un sauveur surhumain,

Le peuple l'accueillit; et sur sa tiède couche

La douleur se leva, le sourire à la bouche.

Voyez comme il grandit, par quel bruit éclatant

De la rue aux salons son empire s'étend!

De l'enchanteur Volta c'est l'inverse prodige :

L'un, dans un froid cadavre, où l'aimant se dirige,

D'une vie apparente excite le ressort;

L'autre donne à la vie une apparente mort.

Se peut-il donc? on dit qu'un moment aspirée,

Une vapeur subtile, une essence éthérée,

Au système nerveux impose la torpeur,

Et d'un double néant donne l'aspect trompeur;

Qu'en ce moment, le corps, sans qu'un muscle se plisse,

Subit à son insu l'instrument du supplice;

Que l'Hôtel-Dieu n'est plus l'arène du martyr;

Que de ses corridors on n'entend plus sortir

Ces hurlemens aigus qui nous traversaient l'ame

Et montaient du parvis aux tours de Notre-Dame.

Quel abîme ! qui peut, d'un œil intelligent,

Saisir dans son travail l'énigmatique agent ?

On dirait qu'en domptant la matière assoupie,

Il aime à déjouer le calcul qui l'épie ;

D'une marche uniforme il dédaigne l'ennui ;

Ce qu'il a fait la veille il le change aujourd'hui.

Tantôt, dans le malade, où son charme s'infuse,

Lentement il amène une langueur confuse,

Alourdit par degrés sa paupière et ses sens,

Ainsi qu'une nourrice en ses bras caressans ;

Tantôt, en un clin d'œil, sa force le pénètre ;

Par une brusque attaque il envahit son être,

Et, comme un nécroman, d'un geste souverain,

L'écrase d'un seul coup sous un sommeil d'airain.

L'un de son être encor garde la conscience,

Il entend sur ses os grincer l'expérience,

Il voit, comme à travers un miroir réflecteur,

Le drame dont il est le merveilleux acteur ;

L'autre, pareil aux morts couchés au cimetière,

N'est qu'un bloc insensible, une inerte matière,

Et, quand il se réveille, il n'a pas le soupçon

Que du membre qu'il cherche il lui reste un tronçon.

Ici, par des fureurs se déclare l'ivresse,

Elle s'agite ainsi que l'antique prêtresse

A l'approche du Dieu qui venait la saisir ;

Là, c'est le doux repos, l'extase, le plaisir,

Le spasme de l'amour : quand l'éther hallucine

La jeune femme en proie aux tourmens de Lucine,

O d'un double mystère ineffable pouvoir !

Au moment qu'elle enfante elle croit concevoir.

Laissez-moi raconter un dernier épisode :

On dit que, pour juger la nouvelle méthode,

Un jeune apôtre, habile à diriger le fer,

A l'œuvre de sa main soumit sa propre chair,

Que lui-même, appliquant sa bouche au tubicule,

Jusqu'au degré précis il se fit somnambule ;

Qu'alors, les yeux ouverts, le front calme et pensif,

Sans permettre à son corps un geste convulsif,

Il s'ouvrit les tissus, les muscles, les artères,

Observa jusqu'au bout ces horribles mystères;

Et, du même sang-froid qu'il l'eût fait au réveil,

Sur ces lambeaux sanglans appliqua l'appareil.

Voilà ce qui s'est dit, ce que chaque journée

Annonce avec emphase à la foule étonnée.

Je l'avoue, en ouvrant l'oreille à ces récits,

Entre croire et nier je restais indécis;

Chaque fois qu'on lui dresse une nouvelle idole,

Le peuple, dans son culte, arrive à l'hyperbole;

Et, pour belle, à ses yeux, que soit la vérité,

Il l'embellit encor de quelque absurdité.

Du baquet de Mesmer je connaissais l'histoire,

Je craignais les décors du drame opératoire,

Le zèle des acteurs, la foi des assistants;

Il me semblait qu'au fond de ces faits palpitants

L'examen plus actif verrait un stratagème;

Que témoin du miracle, observateur moi-même,

Je prendrais la nature ou l'art au dépourvu ;

En un mot je doutais, j'ai voulu voir, j'ai vu.

Et maintenant, Blandin ! par ta haute entremise,

A la foi de l'éther ma raison s'est soumise ;

Prêtre du dieu nouveau que je n'adorais pas,

Tu m'en ouvris le temple, et j'entrai sur tes pas.

D'abord, pareil à Dante, à côté de Virgile,

Comme pour préparer mon courage fragile

Au saisissant tableau que j'allais bientôt voir,

Je te suivis, le long du sinistre dortoir,

Autour des blancs rideaux, où ta douce venue

Entrait comme un rayon qui glisse dans la nue,

Où les yeux de l'espoir, se plongeant dans les tiens,

Échangeaient avec toi de muets entretiens ;

Et tu me signalais, dans cette galerie,

Le polype étouffant, l'ulcère, la carie,

Et tu forçais mes doigts à toucher sans frisson

Des hideurs où ton art cherchait une leçon.

Mais ne prolongeons pas cette sombre tournée :

Au cadran du parvis l'heure est déjà sonnée;

Des susurres confus, des mouvements soudains

Se révèlent; ton peuple assiége les gradins,

Le cirque s'est ouvert, la couche est toute prête !

Le héros du supplice, ou plutôt de la fête,

Un pâle adolescent arrive, et sans effroi

Tourne les yeux sur nous et plus encor sur toi ;

On se hâte : le gaz que son poumon aspire,

Injecte dans les nerfs son langoureux empire,

Engourdit le cerveau, centre de tout ressort,

L'homme s'est affaissé, le charme opère, il dort.....

Alors pour exercer ton imposant office,

Tu te lèves, montrant le fer du sacrifice;

Quel moment! tout frémit d'un trouble solennel,

Tous les yeux sont fixés sur le prêtre et l'autel ;

Tout à coup le couteau s'incline, le sang coule,

Nous entendons un cri ; mais il sort de la foule;

Nul cri, nul changement de forme ou de couleur

Dans le corps torturé n'atteste la douleur;

Le pouls interrogé donne en paix sa réponse.

Pendant que dans la chair l'acier glacé s'enfonce,

Que, sans te soucier si nous te regardons,

Tu fouilles ce réseau de nerfs et de tendons,

Que tu parcours à fond ce sanglant labyrinthe,

Le cadavre vivant n'en ressent pas l'empreinte ;

On lui parle, il répond, d'abord en proférant

Des mots sourds, un langage obscur, incohérent ;

Puis, dès que de l'éther l'ivresse s'évapore,

Qu'une demi-clarté, comme une pâle aurore,

Monte insensiblement dans la nuit de ses yeux,

Il conte qu'il a fait un rêve tout joyeux :

« Je trouvai, ce jour-là, trois amis de mon âge;

» On riait, on jouait à la course, à la nage;

» L'un d'eux, plus grand que moi, me poursuivait tout nu,

» Mais un homme à cheval à mon aide est venu ;

» Alors... » Ici le songe a fui de sa mémoire;

Pourtant il se souvient, comme chose illusoire,

Qu'il a cru, dans le temps qu'il courait endormi,

Sentir à son pied droit la dent d'une fourmi.

O terreur ! de ce pied chatouillé dans son rêve
Un fragment se trouvait dans la main d'un élève.

Sortons ! C'en est assez ; mais non, restons encor ;
La foule qui se presse au bout du corridor
M'annonce que, là-bas, dans une salle austère,
L'éther glorifié reproduit son mystère ;
J'y vole, je conquiers ma place sur les bancs,
Je plonge vers le sol mes regards absorbants.
C'était le vrai pendant de la première scène :
L'enivrement brutal de la victime humaine ;
Un immobile corps gisant sur le tréteau ;
Le sacrificateur, armé du saint couteau,
Promenant dans les chairs ses utiles tortures ;
Deux rouges lambrequins, bandelettes futures,
Se balançant autour de l'os supplicié ;
A ce terrible aspect j'étais initié.
Mais voici, tout à coup, le comble des merveilles,
Voici ce que jamais les yeux ni les oreilles

N'ont vu, n'ont entendu, ne verront, n'entendront,

Et qui hérisse encor les cheveux sur mon front :

Quelle scène ! au milieu du plus profond silence,]

Pendant que le vieux maître, armé de vigilance, *

Sciait les os criant comme un fuseau de bois,

La victime chantait d'une tranquille voix ;

Sur un rhythme inconnu, sa bouche non crispée

Fredonnait une étrange et douce mélopée,

Et l'archet de la scie, effroyable instrument,

Formait à cette voix un accompagnement ;

Comme si l'art nouveau, poétique génie,

Pour chanter son triomphe eût fait cette harmonie,

Ou que le genre humain, affranchi d'un enfer,

Célébrât son bonheur par une hymne à l'Éther.

Je sortis cette fois ; mais, soit que ma pensée

En ces étonnements se fût trop élancée,

---

* Cette mémorable opération (l'amputation de la jambe) fut faite par M. Roux,
à l'Hôtel-Dieu, le 14 du mois d'avril dernier, immédiatement après celle de
M. Blandin, rapportée plus haut ; celle-ci consistait dans l'extraction du grand
os métatarsien, opération que M. Blandin a osé pratiquer le premier.

Soit que l'air éthérique, empreint dans mes cheveux,

En moi-même eût troublé l'organisme nerveux,

J'allais comme un homme ivre; à travers des nuages

Du monde extérieur je voyais les images,

J'errais comme un fantôme, à l'œil fixe et terni,

Dans ces limbes glacés qu'on nomme l'infini.

Hôte mystérieux, qu'est-ce donc que notre âme?

Par quels liens subtils d'une invisible trame,

Par quel pouvoir secret, quels intimes accords,

Comme l'idée aux mots, l'âme tient-elle au corps?

Qui des deux est le maître et qui le subalterne?

Si c'est l'esprit lui seul qui règne et qui gouverne,

Comment sent-il le mal quand la chair se meurtrit?

Si c'est le corps, d'où vient qu'il souffre par l'esprit?

L'âme dépend d'un nerf, et le corps d'une idée;

La chaîne de la vie à tous deux est soudée,

Et cependant, parfois on peut les désunir,

Les écarter, sans voir la mort intervenir!

Qu'est-ce que le sommeil? une ombre journalière,

Un néant d'habitude où passe la matière;

Mais quand de ses vapeurs notre œil est obscurci,

Quand nous dormons, que fait l'âme? dort-elle aussi?

Et le songe? quel est ce visiteur étrange?

Qui lui donne les traits du démon ou de l'ange?

Qu'est-ce enfin que la mort? existe-t-elle? non.

La grande léthargie emprunta ce faux nom;

Si ce fait fut obscur pour notre vue infirme,

Il est clair aujourd'hui; l'éther nous le confirme,

Nous l'atteste, en levant sur nous sa main de plomb :

La mort n'est qu'un éther dont l'effet est plus long.

Le sépulcre, pour l'homme, est un amphithéâtre

Où le scalpel du temps coupe son corps verdâtre,

Où nous ne sentons pas l'infatigable ver,

Le ver chirurgical qui ronge notre chair,

Où, sûrs de ressaisir notre forme complète,

Nous restons, sans douleur, à l'état de squelette,

Jusqu'à ce que, levant les funèbres écrous,

Le grand opérateur nous dise : éveillez-vous!

Imprimerie Lange Lévy et Comp., 16, rue du Croissant.

ZODIAQUE

A L'OMBRE DE NAPOLÉON

BERTRAND AUX INVALIDES.

> Je n'ai jamais flatté que l'infortune.
> BÉRANGER.

[(Avant le 4 mai.)

Ombre que peut l'histoire à peine contenir
Et qui plus grande encor rempliras l'avenir !
Ombre de l'Empereur! te trouves-tu contente?
Pour t'avoir entre nous sous ta dernière tente,

1847

Entre les mers de l'Inde où s'isole un écueil,

Un navire argonaute a conquis ton cercueil;

Quand, suivi par le peuple et l'armée en colonne,

Tu t'es présenté mort devant ta Babylone,

Comme elle t'eut reçu vivant, sur un pavois,

Elle t'a salué par six cent mille voix.

Ta France bien-aimée, inconsolable veuve,

T'a couché de ses mains, aux rives de son fleuve,

Entre les saints débris de tes vieux bataillons,

Sous des drapeaux changés en sublimes haillons,

Au milieu des canons qui, de leurs gueules noires,

Tant de fois à Paris hurlèrent tes victoires.

Ainsi l'avait marqué ton suprême désir;

Quel sépulcre plus doux pouvait-on te choisir?

Hélas! la tombe est froide et la mort solitaire;

Nul ami ne dormait près de ton lit de terre,

Nulle main n'agraffait, car tu te trouvais seul,

Ton dernier uniforme, un grisâtre linceul;

Tu demandais, du moins, dans ce pâle royaume

Non pas un courtisan, mais une ombre, un fantôme ;

Et souvent, dans ces nuits d'orage et de chaleur

Où l'air est un fardeau, le calme une douleur,

On dit qu'on entendait, du fond de ta chapelle,

Sortir comme une voix qui tristement appelle,

Le cri d'une âme en deuil réclamant un secours,

Et mêlant un nom d'homme à des murmures sourds.

Calme-toi, reste en paix, chère et malheureuse âme !

Nous avons entendu ce que ta voix réclame ;

Nous saurons accomplir, avec des soins fervents,

Tout ce que doit aux morts la pitié des vivants.

Quand, de nos souvenirs renouvelant l'ulcère,

Surgira du cinq mai le sombre anniversaire,

Un visage connu s'approchera du tien,

Tu pourras, à loisir, dans un doux entretien,

Achever avec lui la phrase indéfinie

Que sur ta lèvre pâle arrêta l'agonie,

Ces mots de *tête*, *armée*, à ton dernier instant

Jetés comme une énigme au monde, en le quittant.

Dès qu'auprès de la tienne elle sera placée,

Tu ne te plaindras plus que ta couche est glacée,

Ni que tu sens le vide en allongeant la main ;

L'heure approche, il arrive ; attends jusqu'à demain.

(Le 5 mai.)

Le voici ! c'est celui, dont le pur caractère

Glorifia vingt ans ton astre militaire ;

Celui que tu n'as vu jamais se démentir,

Général ou consul, empereur ou martyr ;

Celui qui fut ta garde au roc de Sainte-Hélène,

Celui qui se pencha sur ta mourante haleine ;

Ton plus cher serviteur, ton dernier lieutenant ;

Ombre de l'Empereur es-tu bien maintenant ?

N'en doutons pas : s'il est sous la funèbre voûte

Une joie accordée à notre chair dissoute,

Celle de se rejoindre à des êtres amis,

Ce douloureux bonheur t'est désormais permis,

Le vieil Ephestion vient trouver Alexandre ;

Lui-même, jusqu'alors bien qu'à sa noble cendre

La faveur du destin eut donné pour abri

Le sol qui le fit naître et qui l'avait nourri,

Bien qu'une telle tombe à l'homme soit légère,

Il s'y trouvait couvert d'une argile étrangère ;

En songeant à la place où reposaient tes os,

Il sentait que les siens étaient mal en repos ;

Il croyait n'avoir fait qu'une tâche incomplète

S'il ne te servait pas même avec son squelette,

Et son premier devoir qui nous semblait si beau

Est devenu sublime, en passant le tombeau.

O tiédeur du Pouvoir bassement exprimée !

Ignoble et froid calcul ! insulte de pygmée !

Quand parut dans nos murs, porté par la vapeur,

Le corps du vieux guerrier sans reproche et sans peur,

Quand un char solennel promena ces reliques

De loyauté, d'honneur et de vertus publiques,

Au lieu de tressaillir à la voix du tambour

De présider lui-même à la pompe du jour;

Au lieu de témoigner, une fois sans coutume,

Qu'il rend encore hommage au dévoûment posthume;

O pudeur! dans le temps que ce char circulait

Il a daigné le voir à travers un volet.

Quoi! son état-major de la place Vendôme

N'eût pas un figurant sous le lugubre dôme!

Quoi! pas un seul ministre à la messe des morts!

Hélas! non! nul d'entre eux n'a prié sur le corps.

Seulement, quand la nuit jeta son crépuscule,

Loin des larges quartiers où la foule circule,

Douze soldats furtifs, à pas silencieux

Marchèrent, en patrouille, auprès des lourds essieux

Et, comme un tombereau qu'on va mettre en fourrière,

Suivirent sur le char la dépouille guerrière.

Oui, voilà ce qu'a fait le Pouvoir d'aujourd'hui:

Qu'importe! il en existe un tout autre que lui,

Plus fort, plus résolu qui, pour remplir sa tâche,

Se révèle au grand jour, quand le premier se cache.

Sans recevoir un ordre ou marcher sur un plan,

Celui-ci s'abandonne à son rapide élan ;

Son instinct improvise un triomphe, une fête ;

Il se fait machiniste, orateur ou poète ;

Sur le pavé public il trouve, en un clin-d'œil,

Des couronnes de fleurs, des tentures de deuil,

Et, pour mieux honorer les citoyens qu'il aime,

Détèle leurs chevaux et les traîne lui-même ;

On a beau charrier la gloire, dans la nuit,

Il se lève en sursaut, il la trouve, et la suit.

Il n'a pas méconnu ces grandes funérailles :

En vain pour rassurer un Pouvoir sans entrailles,

Par un étroit programme on voulut les régir,

Le populaire essor fut prompt à l'élargir ;

Il a poétisé leur parade grossière ;

La patrie a béni le cadavre en poussière ;

C'est par vingt mille adieux, c'est par vingt mille mains

Qu'elle l'a salué, porté sur les chemins ;

Nul hameau ne dormait la nuit de son passage;

Les vieillards y traînaient leurs enfants en bas âge ;

Du château de Raôul aux plaines de Vierzon,

De rapides fanaux éclairaient l'horizon ;

Jusqu'aux murs d'Orléans, dans la foule accourue

Le cercueil s'avançait, comme au sein d'une rue,

Et, pareil à celui de Dugesclin-Bertrand,

A travers les cités passait en conquérant.

Eh ! pourquoi ces transports de la foule empressée ?

Pourquoi tous ces élans d'une même pensée,

Ces honneurs qu'on refuse à tant d'hommes marquants ?

Ce n'est pas pour fêter le vieux débris des camps,

Parce qu'il prodigua son sang pour la patrie

En Pologne, en Hollande, en Prusse en Illyrie;

Parce qu'il fut de ceux au front de qui tonna

Le canon d'Austerlitz, de Fridland, d'Iéna,

De Spandau, de Wagram, de tant de grandes fêtes ;

Parce qu'il escorta le vol de nos tempêtes,

Des sables d'Aboukir aux cents bouches du Rhin ;

Qu'il força le Danube à mugir sous un frein.

Non, puissant Empereur ! chez tes hommes de guerre

L'héroïsme est commun, le prodige est vulgaire ;

Mais c'est qu'au fond du gouffre, alors que tu sombras,

Autour de ton naufrage, il étreignît ses bras ;

Qu'un pacte indissoluble avait uni son être

Au cœur plus qu'au génie, à l'homme plus qu'au maître ;

Qu'il te suivît, le jour de ton premier déclin,

Au roc ferrugineux dont tu fis un tremplin ;

Que, franchissant des mers la déserte ceinture,

Il te suivît encor jusqu'à la sépulture,

Sous le toit chancelant de ton dernier palais,

Dans la cage de fer des Tamerlans anglais ;

Qu'il revînt y chercher ta cendre prisonnière ;

Et qu'en ce jour, enfin, pour fortune dernière,

Au tombeau paternel, heureux de se ravir,

Il vient, tout mort qu'il est, encor pour te servir.

Ah! les fidélités se pratiquent sans peine

Quand tout rayonne autour de l'idole sereine,

Que leur rôle est joué sous d'éclatants lambris,

Et qu'un large salaire en doit être le prix;

Mais elles sont d'or pur ou de vil alliage;

Tant qu'un prince est debout il fait mal ce triage,

Et pour les estimer à leur juste valeur,

Il faut qu'il tombe à terre et les frotte au malheur.

Tu n'en fis que trop bien la rude expérience :

Les dévoûments peuplaient tes salles d'audience

Au temps où tu jetais à de futurs ingrats

Des honneurs, des trésors, des croix, des majorats;

Pour contenir tous ceux qui, d'une voix si forte,

Au bout de l'univers s'offraient pour ton escorte,

A peine ton palais était assez profond;

Tu n'en revis que trois sur le *Bellérophon;*

On trouve par milliers des compagnons de gloire,

Les compagnons d'exil sont rares dans l'histoire.

Quel exil! on eût dit qu'un puissant enchanteur,
Ou plutôt, le suprême et sage créateur
Fit d'avance monter sur l'océan lugubre
Une île volcanique, inféconde, insalubre,
Afin de préparer un brûlant reposoir
Au Titan qu'elle aurait un jour à recevoir.
Quelques arbres gommeux, de leurs feuilles vivaces,
A peine verdissaient le fond de ses crevasses;
Nul fleuve, nul torrent ne passait dans leurs lits;
Sur ses rocs découpés en trônes démolis
Nul homme ne venait asseoir sa lassitude;
Et si, parfois l'orage, en cette latitude,
Forçait l'aigle marin à chercher un abri,
Il tombait palpitant sur le terrain flétri.
Tout à coup, au milieu d'un horizon sans nues,
Des groupes indistincts, des formes inconnues,
Sur ces âpres pitons apparurent aux yeux,
Comme des naufragés tombés du haut des cieux.
Dès-lors, l'île passa pour fatale ou pour sainte,
A cause des esprits qui peuplaient son enceinte.

On disait que souvent, dans le calme des nuits,

Les vents en rapportaient de fantastiques bruits;

Les vaisseaux qui fendaient la zone tropicale,

Avec leurs passagers de Chine ou de Bengale,

Sur ces étranges bords cherchaient, en s'arrêtant,

A voir, même de loin, ceux dont on parlait tant.

Les ombres se montraient sur leurs roches pointues,

Tantôt fixes, debout, ainsi que des statues,

Tantôt disparaissant dans le creux d'un vallon;

Quelques-unes pressaient les flancs d'un étalon;

Le soir, quand la chaleur était moins importune,

Sur un plateau sauvage, aux rayons de la lune,

Au bruit lointain des flots qui mordaient le rescif,

Elles se promenaient, avec un front pensif,

S'arrêtaient, se serrraient autour de l'une d'elles,

Ainsi qu'autour d'un roi des courtisans fidèles,

Écoutaient des récits de merveilleux combats,

De guerres de géants qu'elle faisait tout bas.

Mais voilà que, soudain, du fond d'une caverne,

S'élançait à leurs yeux un spectre subalterne,

A l'œil fauve, au front bas, chargé de sourcils roux,

Portant des clés, des fouets, des carcans, des verroux,

Vociférant des cris d'insulte et de menace :

Les ombres s'envolaient en détournant la face,

Et, comme des vapeurs que dissipe le vent,

Dans le vague du ciel se perdaient en rêvant.

Le monde vit six ans cet étrange mystère :

Alors sonna l'horloge invisible à la terre;

Chaque chose rentra dans la réalité,

Chaque esprit dans le corps qu'il avait habité;

Dans une chambre humide on vit, le soir, paraître

Des femmes, des enfants, des soldats, un vieux prêtre,

Tous pâles, tous empreints de deuil et de terreur,

Tous enlaçant leurs bras au lit de l'Empereur.

Silence! un long soupir retentit dans la salle;

Sur un étroit chevet, sa tête colossale

S'incline, et dans la nuit qui n'a plus de réveil

Il tombe, à l'heure même où tomba le soleil.

Viens donc, noble témoin de ce grand holocauste !

Courtisan du malheur, viens à ton dernier poste !

Ton maître attend de toi des services nouveaux.

Quand ceux qui sont couchés dans les voisins caveaux

Viendront pour saluer sa grandeur souveraine ;

Quand Maurice de Saxe, ou Vauban ou Turenne,

Échappés un moment d'entre leurs marbres froids,

De son dernier salon heurteront les parois,

Comment leur pourra-t-il préparer une fête,

Si son grand maréchal n'en règle l'étiquette ?

Viens ! nul autre de ceux qu'il aimait près de lui,

De cet autre Longwood ne peut tromper l'ennui.

Tu lui raconteras comment s'est agitée

La terre des vivants, depuis qu'il l'a quittée ;

Tu lui diras comment l'a jugé, depuis lors,

L'histoire, ce jury des rois, quand ils sont morts.

Parfois, pour varier ce dialogue austère,

Tu le promèneras sous le double acrotère,

Où, comme les rideaux du soldat endormi,

Pendent les étendards que pleure l'ennemi,

Lambeaux défigurés de toutes les bannières,

Débris de léopards, d'aigles et de crinières.

Puis vous redescendrez dans vos caveaux étroits ;

Là, s'il veut s'exercer à son jeu d'autrefois,

Sur le large échiquier de vos funèbres dalles

Vous placerez les os des tombes latérales,

Comme des cavaliers, des reines et des tours.

Et, quand de ce loisir interrompant le cours,

Il voudra te dicter de nouveaux commentaires ;

Avec ta main osseuse, en profonds caractères,

Tu les incrusteras sur vos couches de plomb ;

Et l'éternel sommeil vous paraîtra moins long.

Imprimerie Lange Lévy et Comp., 16, rue du Croissant.

ZODIAQUE

—

A M. DE LAMARTINE

LES GIRONDINS.

Pour l'homme qui se voue à l'œuvre de l'histoire

C'est peu de réunir le sens divinatoire,

Le coup d'œil qui résume un ensemble de faits,

Le jugement qui trouve une cause aux effets,

Le style lumineux qui l'érige en poème ;

Il faut que le destin l'ait fait naître lui-même

1847

A l'époque opportune, au temps fixe et prescrit,

Ni trop loin, ni trop près des choses qu'il décrit.

Trop loin, il ne distingue au fond de ses domaines,

Qu'un sol décoloré, peuplé d'ombres humaines,

D'uniformes acteurs dont chacun, au hasard,

D'un drame inexpliqué semble jouer sa part;

Leurs gestes sont égaux et leur taille pareille;

Leur voix n'arrive pas jusques à son oreille;

Sans voir ce qui les pousse, il voit leurs mouvements.

Trop près, trop enfoncé dans les événements,

Entre un cercle mesquin sa vue est renfermée;

Ahuri par le bruit, la flamme et la fumée,

Le combat lui paraît un confus tourbillon;

Il ne voit pas l'armée, il voit son bataillon.

Il existe un point juste entre ces deux extrêmes.

Vous donc, en ce moment, qui, sous divers systèmes,

Cherchez à reproduire, avec de forts burins,

La fin du dernier siècle à vos contemporains,

Courage! c'est la bonne et seule circonstance;

Ce siècle, devant vous, pose à juste distance;

Étendu dans la tombe, il conserve ses traits

Et s'empreint tout entier dans votre plâtre frais.

Le volcan qu'il ouvrit et que votre œil explore

N'est plus incandescent, mais il est tiède encore;

Vous pouvez, de sang-froid, nous en entretenir;

Votre âge vous permet de l'avoir vu finir,

Votre âge vous défend de garder ses colères,

D'en parler en acteurs ou témoins oculaires.

Chaque jour vous transmet quelques derniers aveux

De ceux dont vous restez les fils et les neveux,

Et de ces temps passés nul grand débris ne tombe,

Sans qu'une confidence illumine sa tombe.

Aussi, depuis qu'a lui ce flambeau dans vos mains,

Notre histoire parcourt de plus hardis chemins;

La lumière, longtemps ou cachée ou perdue,

Sur des obscurités rayonne inattendue.

Un tribunal d'appel casse des jugements

Rendus sur de tompeurs ou vagues documents.

Les morts calomniés par des erreurs grossières,

Les hommes qu'on traitait de brutes carnassières,

Qu'on peignait attelés aux roulants échafauds,

Dépouillant aujourd'hui ces caractères faux,

Prouvent que par un but leur marche était guidée,

Qu'ils s'attelaient au char d'une puissante idée,

Que pour remplir leur tâche ils assumaient sur eux

Un souvenir sanglant, un nom cadavéreux.

Nous jugeons mieux, enfin, ces héros que tu chantes,

Dignes de nos regrets, de nos plaintes touchantes,

Éternels souvenirs de gloire et de pitié,

Mais sublimes enfants, grands hommes à moitié,

Tribuns qui répétant, dans le sombre Manége,

Leurs thèmes d'écoliers, leurs rêves du collége,

Se drapaient dans Paris comme au sénat romain,

Et jouaient à l'histoire, un Plutarque à la main.

Hélas ! ils ignoraient que, fatal luminaire,

L'éclair de la parole est suivi du tonnerre,

Que dans la politique, inévitablement,

Le prologue du drame amène un dénoûment.

Ardents à préparer une œuvre dans leur tête,

Ils reculaient d'horreur sitôt qu'elle était faite,

Comme une femme fixe un œil épouvanté

Sur un monstre imprévu que ses flancs ont jeté.

Ils ne se doutaient pas de leur portée immense ;

En décrétant la mort ils rêvaient la clémence.

Quand Vergniaux, Gensonné, Guadet, Brissot, Carra,

Insurgeaient les faubourgs aux cris de *ça ira,*

Vouaient aux feux vengeurs le palais du despote ;

Quand Barbaroux, mon jeune et beau compatriote,

Pour raviver l'élan du peuple refroidi,

Soufflait ses bataillons hâlés par le midi ;

Quand leurs mille tambours battaient la générale,

Qu'ils faisaient sur Paris hurler la cathédrale,

Savaient-ils que, bientôt, tout devait s'accomplir

Par ce Vingt-Un janvier qui les a fait pâlir ?

Agitateurs sans but, leur tête irréfléchie

Eut sans doute voué la France à l'anarchie,

Car les nerfs de leurs bras n'étaient pas assez forts

Pour comprimer la guerre au dedans, au dehors.

Jetons donc à leur tombe une hymne expiatoire ;

Peut-être que la hache a sauvé leur mémoire

Et que, devant les yeux de la postérité,

Ils se montrent plus grands, le front décapité.

Voilà comment l'histoire a pris un nouveau rôle

Avec Thiers et Mignet, fondateurs de l'école;

Ce qu'ont mis au grand jour Michelet et Louis Blanc,

Ce que tes *Girondins* nous montrent pantelant.

Qui de vous a le mieux fouillé cette matière,

A le mieux ravivé ce fécond cimetière?

Plus tard, je le dirai, peut-être; maintenant

Je te vois de plus haut, d'un point plus culminant :

Quand ton œuvre serait encore plus parfaite,

Ce qui vaut mieux pour nous c'est ta propre conquête;

C'est que, par ton instinct entraîné près de nous,

Devant le même autel tu fléchis les genoux.

Jamais la liberté, cette âme universelle

Dont chaque homme en naissant reçoit une parcelle,

Ce principe vital, qui n'a pas de tombeau,

N'eut un plus grand hommage, un triomphe plus beau;

Jamais le dogme saint de la démocratie,

Depuis *quatre-vingt-neuf*, son éclatant messie,

Pour subjuguer les cœurs frappés d'aveuglement

Ne se glorifia d'un plus fort argument.

Il faut donc qu'il existe une toute-puissance

Dans cette vérité d'indestructible essence,

Puisque tout grand génie, astre de l'horizon,

Précipite à ses pieds sa hautaine raison,

Et que ses ennemis, broyés dans chaque membre,

Inclinent sous son joug leur tête de Sicambre.

Tu n'as pu te soustraire à cette main de fer ;

L'esprit du siècle flotte invisible dans l'air ;

Chaque souffle du vent en remue un atôme ;

Il entre sous nos toits par la tuile ou le chaume ;

Il erre au bord des lacs, dans les bois, sur les monts ;

Il nous sature même alors que nous dormons.

Des jours qui l'ont vu naître un homme est solidaire,

A leur pensée il faut, tôt ou tard, qu'il adhère.

Foule aveugle ! sais-tu, sur nos rêves flottants

Ce que peut, malgré nous, l'œuvre lente du temps ?

L'air nous jette des mots plus forts que nos croyances ;

Un symbole inconnu sort de nos défaillances ;

La voix, sans qu'on le sache, a pris de nouveaux tons ;

A toute l'atmosphère en vain nous résistons,

Elle pèse sur nous, sa force nous entraîne ;

Enfin nous saluons l'ère contemporaine,

A ses impulsions nous nous laissons ravir,

De la tête et du bras nous voulons la servir.

Oui les plus grands, alors, les plus fiers, les plus justes,

Au joug universel courbent leurs fronts robustes ;

L'avenir est compris, le passé se dissout,

L'esprit rénovateur demeure seul debout.

Quand ta harpe chantait de saintes mélodies,

Il courrait, malgré toi, sur ses cordes hardies;

Quand tu montas plus tard sur nos rostres d'airain,

Quand au sol d'Orient, poète pélerin,

Tu campais sous l'abri d'une tente fortuite,

Cet archange obsesseur était à ta poursuite,

Et toujours, près de toi, côte à côte a vécu,

Jusqu'à ce que ta bouche eût dit : Je suis vaincu.

Avant d'avoir passé par de luttess amères

L'âme garde longtemps ses natives chimères,

Ses premiers souvenirs, ses rêves d'autrefois,

Préjugés dont, d'abord, elle ignore le poids :

Puis dans ce monde ancien qu'en soi tout homme porte,

Dans cette foi première et qu'on croyait si forte,

Un travail s'accomplit sans qu'on sache comment,

D'espoir et de regret mystérieux tourment,

Transfiguration, dure métamorphose,

Tempête dont le souffle altère toute chose,

Et qui de sphère en sphère étendant l'horizon,

Dans un doute infini submerge la raison.

Mais quand l'homme est de ceux qui peuvent, comme Dante,

Descendre jusqu'au fond de la spirale ardente,

Après avoir passé par les feux de l'enfer,

Après avoir dormi dans la cuve de fer,

Tout-à-coup, étendant ses radieuses aîles,

L'âme, en chantant, s'élance aux régions nouvelles;

Le douloureux miracle enfin s'est accompli;

Du creuset dévorant un or pur a jailli;

Des flammes du bûcher le phénix se dégage,

L'arc-en-ciel apparaît sur l'immense naufrage;

La pythonisse cède au dieu qui la surprend,

Et l'esprit dévasté se reconstruit plus grand.

Lamartine, je prends acte de ta défaite ;

L'eau lustrale du peuple a coulé sur ta tête ;

Quel entraînant exemple à donner aux payens !

Sans doute, chaque fois que nos grands citoyens,

Que nos vieux confesseurs, des hauteurs de leur chaire,

Prêchent aux nations le dogme populaire,

Quelques rebelles cœurs embrassent notre foi ;

Mais quand des hommes, nés dans la contraire loi,

Asservis dès l'enfance au culte des idoles,

Tout-à-coup, éclairés par de nouveaux symboles,

Transfuges d'un parti dont ils faisaient l'orgueil,

Dépouillent leur passé comme un manteau de deuil,

Abandonnent leurs dieux pour adorer les nôtres,

Ces nouveaux convertis sont les plus grands apôtres,

Et tellement de haut ils font tomber leurs voix,

Que les cœurs les plus durs sont broyés sous ce poids.

Chose étrange ! et que nul encor n'a proclamée :

Parmi les noms fameux dans l'infidèle armée,

Parmi les hommes forts qui, par l'erreur séduits,

Aux autels opposés prêtèrent leurs appuis,

Les quatre plus marquants ont subi le baptême,

Châteaubriant, Hugo, Lamennais et toi-même ;

Le premier, rejeton des temps capétiens,

Fuyant un échafaud qui dévorait les siens,

Le front éclaboussé du sang de Malesherbes,

Fatigua sa jeunesse en souvenirs acerbes,

Enlaça son génie aux débris féodaux

Comme un lierre fidèle à de vieux chapitaux ;

Mais le soleil a lui sur sa dernière marche ;

Entre les bras du peuple, ainsi qu'un patriarche,

Il s'affaisse et ses yeux, avant de se ternir,

Ont de la terre libre entrevu l'avenir.

Hugo qui, dans cet âge où la gloire s'égare,

A la cour d'Hiéron chantait comme Pindare,

A compris qu'il volait sous des cieux trop étroits,

Qu'on s'inspire du peuple aussi bien que des rois ;

Peu de jours ont suffi pour retremper son être ;

Du dieu qu'il ignorait il est devenu prêtre,

Et comme un tabernacle imposant et profond

Toute grande pensée a pris son large front.

Le croyant Lamennais, à la source divine,

De nos droits usurpés retrempe l'origine,

Et ce vieil arc-boutant du trône ultramontain

De Rome catholique agite le destin.

Et toi, né prisonnier entre de nobles langes,

Avec le vol, les traits et la voix des archanges,

Qui, du monde idéal où ton aile plana,

Au culte monarchique offrant ton hozannah,

Peignis la liberté dans sa brutale *orgie,*

Couvrant ses cheveux plats du bonnet de Phrygie ;

Toi qui n'osais pas même en prononcer le nom ;

Toi dont l'oncle ou le père affronta le canon

Que le dix-août pointait sur la royauté morte,

Prêt à mourir lui-même à sa dernière porte ;

Toi qui jetais l'horreur, la haine, le dégoût,

Au quatorze juillet, au vingt juin, au dix août,

O prodige ! voilà qu'un nouveau jour t'éclaire ;

Tu te fais artisan de l'œuvre populaire ;

Ton hymne retentit pour cette liberté

Que tu haïssais même avant ta puberté ;

Et c'est peu de venir, comme un cathécumène,

Abjurer à l'autel où la raison te mène,

De proclamer son culte, objet de tes dédains,

Tu lui bâtis un temple avec tes *Girondins*.

Amis! frères nouveaux! puissants auxiliaires!

Qui, longtemps du passé généreux vexillaires,

Sous nos jeunes drapeaux vous êtes faits si grands,

Nous bénissons le jour qui vous mit dans nos rangs.

Vous avez fait un noble et large sacrifice

En venant cimenter le nouvel édifice.

Pour franchir cet abîme, à pic des deux côtés,

Entre nos bords et ceux que vous avez quittés,

Il fallut un élan que nul effroi ne dompte;

La France l'a compris et vous en tiendra compte.

Une fois convaincus par le rayon divin

Que vous marchiez à faux dans un obscur ravin,

Qu'avec la France jeune, et non avec l'aïeule,

Vivait la sainte cause et la vérité seule,

Nous n'avez pas subi le devoir mensonger,

L'enfantin point d'honneur de ne jamais changer;

Rien ne vous a coûté ; sans regret et sans crainte,

Brisant de vos amis la douloureuse étreinte,

Vouant votre long rêve à l'éternel oubli,

Renversant dans le vide un passé démoli,

Prêts à recommencer votre gloire perdue,

Vous vous êtes lancés dans l'immense étendue,

Insensibles aux cris de traîtres, de Sinons,

Et même d'apostats qu'on jetait à vos noms.

Ah ! devant la vertu de leurs apostasies

De bonheur et d'espoir nos âmes sont saisies !

Tout l'annonce ; voici, parmi les nations,

L'heure des changements et des conversions ;

Le vieux monde s'ébranle et court à la lumière.

Sans doute, comme aux jours de l'Église première,

Où pendant que la foi s'épanchait par torrents,

Du culte qui tombait les derniers adhérents

Se rassemblaient encor dans un cercle nocturne

Pour pleurer le beau temps de Rhée et de Saturne,

Pour embrasser les pieds de Jupiter-Stator ;

Nous sommes destinés à contempler encor

Les modernes payens quelque temps se débattre

Entre les vains débris de leur culte idolâtre.

A leurs absurdités accordons un sursis ;

Laissons en pleine paix ces pécheurs endurcis

Cramponner à l'erreur leur folle persistance,

Et mourir en repos dans leur impénitence,

En suçant, au milieu des hoquets étouffants,

Les gothiques hochets qu'ils sucèrent enfants.

La race qui grandit, espoir d'un meilleur âge,

De ces honteux jouets repousse l'héritage ;

En face du vrai dieu, devant un seul autel,

Elle n'a plus d'encens pour Dan ni pour Béthel ;

Les fils même de ceux, dont en ses tristes fêtes,

Le peuple fasciné se disputa les têtes,

Saintement dévoués au principe nouveau,

De la démocratie invoquent le niveau.

Que dis-je? des vieillards dont la tête ridée

Ne contint jusqu'ici qu'une grossière idée,

Aux portes du tombeau se réveillent soudain

Pour venir se tremper dans cet autre Jourdain.

Voyez ! la foule abonde ; agrandissons nos temples ;

En ce moment surtout que de si beaux exemples,

Que ton nom, se mêlant aux trois que j'ai cités,

Font darder le soleil sur tant de cécités,

Espérons que la Foi prolongera ses listes ;

Et qu'en vous proclamant ses quatre évangélistes,

Le peuple entier, vaincu, par la nouvelle croix,

S'écrîra comme vous : JE VOIS, JE SAIS, JE CROIS.

Imprimerie Lange Lévy et Comp., 16, rue du Croissant.

ZODIAQUE

AU COMTE DE PARIS

LE MOIS DE JUILLET.

Et avoit soing la diete veufve royne de luy administrer bonne nourriture, lui remestant souventes fois devant les yeux l'exemple de son père, et comment à leur maison estoit advenue l'auctorité.

PLUTARQUE.

Prince! le mois qui vient d'expirer dans les fêtes
Est imposant pour vous, tout enfant que vous êtes.
Même lorsque le temps, après des jours bien longs,
Creusera son passage entre vos cheveux blonds,

Le retour de ce mois, sous vos tempes glacées,

Fera bondir encor d'électriques pensées :

C'est celui qui donna le trône à votre aïeul,

Et qui sur votre père étendit le linceul.

Cette gloire et ce deuil sont de nobles stygmates ;

Grandissez, en fixant les yeux sur ces deux dates ;

L'une, si vous cessiez, un jour, de le savoir,

Vous dira que nos mains ont fait votre pouvoir,

Que de la royauté, dans cette nouvelle ère,

Un pavé de la rue est la pierre angulaire,

Que le sceau légitime au front des souverains,

C'est le sacre du peuple et non l'huile de Reims.

L'autre vous prescrira de prendre pour modèle

Un prince que la France estimait digne d'elle,

De marcher fermement sur les pas de celui

Que la patrie en pleurs nomme encore aujourd'hui.

A ce noir souvenir que chacun se répète,

J'ose mêler ici ma douleur de poète.

Les arts, mal accueillis par ce siècle grossier,

A sa porte, du moins, ne trouvaient pas d'huissier,

Son pavillon Marsan leur servait de refuge;

Il était leur ami, leur patron et leur juge.

Celui-là connaissait les choses d'ici-bas,

Il soupçonnait combien de luttes, de combats,

D'imprévus incidents, d'épisodes contraires

Troublent l'homme qui suit les chances littéraires,

Et contre le hazard des destins ennemis

Je garde au fond du cœur ce qu'il m'avait promis;

Sur ma vie orageuse il eut mis l'auréole;

Hélas! le ciel trompa sa royale parole;

La France, plus que moi, perdit un fort soutien,

Et le poète doit pleurer en citoyen.

Jour fatal! plaie immense et non encore fermée!

Inconsolable deuil du peuple et de l'armée!

Le lendemain, le soir du jour qui l'arrêta,

Il allait repartir pour les champs de Cyrtha;

Comme un enfant soumis qui va faire un voyage,

Entre les frais jardins témoins de son jeune âge,

Il courait recueillir sur son front radieux

Le baiser maternel qui scelle les adieux :

O désastre! il touchait à son heure dernière!

Le voilà foudroyé sur le bord d'une ornière;

Des passants inconnus, pétrifiés d'effroi,

Sur un grossier brancard portent le fils du roi,

Et s'en vont déposer sa soudaine agonie

Au fond d'une masure informe et dégarnie

Où pour tout meuble, hélas! triste à-propos du sort!

Se montrait une faulx, emblême de la mort.

Pendant que cette hutte entend son dernier râle,

La sinistre nouvelle, avec sa face pâle,

S'était déjà montrée aux portes de Neuilly;

D'un tumulte alarmant la Seine a tressailli;

Palpitante d'horreur, d'espérance, de doute,

La famille grouppée a bondi sur la route;

Elle vole, elle arrive entre ces murs étroits;

Tout est fini : leurs yeux trouvent ses restes froids;

Tout est fini; leurs mains, sans qu'il les reconnaisse,

Touchent son corps empreint de force et de jeunesse;

Le baiser maternel plein de tant de chaleur

N'a pu rendre à son front la vie et la couleur.

Il fallait cependant sortir de ce repaire,

Accompagner le fils sous le toit de son père

Et reprendre un trajet qu'un coup inattendu

Avait par cette halte un moment suspendu :

Ah ! C'est alors qu'on vit, quand Dieu courbe leur tête,

Combien les grands du monde écartent l'étiquette,

Et combien la douleur brise le cœur humain ;

Pêle-mêle jetés au milieu d'un chemin,

Mornes, ensevelis dans les mêmes tristesses,

Ce n'était pas le roi, la reine, des altesses,

Mais un simple vieillard, sa femme, leurs enfants

Qui laissaient éclater des sanglots étouffants.

Et sous les feux du jour, dans des flots de poussière,

Lentement escortaient la lugubre civière,

Comme des artisans, à pied et le front nu,

Que traîne à son convoi quelque pauvre inconnu.

Le cortége royal disparut sous la grille ;

Mais le deuil commença dans une autre famille ;

Paris, toute la nuit erra vers ce sentier;

Un crêpe s'étendit vers le royaume entier;

Et, fatal précurseur d'un message ordinaire,

Étourdissant et prompt comme un coup de tonnerre,

Le bruit en arriva, par de plus courts chemins,

Jusqu'aux Portes de fer qu'ébranlèrent ses mains.

Cette leçon est grande et veut qu'on la médite :

Quelle est donc cette loi, cette règle maudite

Qui, depuis cinquante ans et plus que nous comptons,

Brise du tronc royal les premiers rejetons?

Quelle fatalité poursuit nos dynasties?

Quel incessant tribut les tient assujéties?

D'où vient que sur le trône ouvert à son espoir

L'héritier présomptif ne peut jamais s'asseoir?

Quel mystère! On dirait que, du haut de la nue,

Comme pour les punir d'une faute inconnue,

L'ange exterminateur, constamment ramené,

De chaque Pharaon frappe le premier né;

Quatre règnes suivis sont empreints de ses marques :

Louis-Seize était issu d'innombrables monarques,

Dieu l'avait investi de ses droits imposants,

Son trône était fondé sur quatorze cents ans ;

Il pouvait espérer que nul bras sur la terre

N'arrêterait le cours de l'ordre héréditaire,

Et qu'au pouvoir suprême, en lui fermant les yeux,

Son Dauphin le suivrait, comme lui ses aïeux ;

Son Dauphin le suivit au Temple et dans la fosse.

Il se flattait aussi, l'impérial colosse,

D'affermir pour son fils l'avenir hazardeux

Et de ressusciter dans Napoléon-Deux ;

Et certe ! à ce beau rêve il avait droit de croire,

Quand tout le continent palpitait sous sa gloire,

Quand sur le dos des rois il montait à son char,

Quand son lit contenait la fille d'un César,

Quand son aigle, en ouvrant toute son envergure,

Planait sur la Russie et sur l'Estramadure ;

Quel homme ne trempait alors dans cette erreur?

Une trombe emporta le fils de l'Empereur.

Moi, pélerin obscur, entraîné par mon culte,

J'allai, d'un pas furtif, vers l'orphelin adulte;

Je le vis dans sa cage, immobile, attristé,

Mourant sous le cancer da la captivité.

Il dort en ce moment, bien loin des Tuileries,

Entre des Archiducs, des Majestés pourries,

Et le moine qui veille à leurs tombes d'airain

Vous lit son épitaphe et demande un florin.

N'avait-il pas encore un trône en apanage,

Ce fils de Caroline, éclos sous le veuvage,

Ce posthume rameau d'un arbre foudroyé?

Tandis que son aïeul, sous les hivers ployé,

Que son oncle, traînant sa maladive automne,

De ses doigts enfantins rapprochaient la couronne,

O présages menteurs! Pauvre calcul des Cours!

Son legs est emporté par le vent des Trois-jours;

L'homme est encor debout, mais le prince fantôme,

Erre, comme Melmoth, de royaume en royaume,

Et dans le vague espace à peine nous voyons

Apparaître de loin son astre sans rayons.

Le dernier qu'a frappé l'implacable anathème,

Hélas! pauvre orphelin! tu le nommes toi-même;

Notre héritier royal n'est qu'un débris poudreux,

Son royaume un tombeau sous les voûtes de Dreux.

Que d'avenirs détruits! Que de grandeurs fanées!

Puisse-tu, jeune enfant! rompre ces destinées,

Et franchir, le premier, à la cinquième fois,

Une ligne fatale à quatre fils de rois!

Fasse le ciel, aussi, que ta raison mineure

A ton rôle futur s'instruise de bonne heure!

Des devoirs sont prescrits même à tes premiers ans.

Sous le règne passé les journaux courtisans

Criaient, chaque matin, l'importante nouvelle

Que les enfants de France allaient à Bagatelle;

Notre temps est plus grave; il s'informe fort peu

Si le prince s'ennuie ou s'amuse à tel jeu;

De son cheval de bois promptement il le sèvre;

Dès que les premiers mots bourdonnent sur sa lèvre,

Dès que devant un livre il peut les rassembler,

Il veut que dans la Charte on le fasse épeler.

S'il est vrai que tel fut ton rudiment primaire,

Si les soins vigilants d'une énergique mère

Te donnent en effet de rigides leçons,

C'est une noble femme, et nous l'en bénissons;

Elles feront un jour ton salut et ta gloire.

Le trône qui t'est dû, gardes-en la mémoire,

N'est point le reposoir où venait s'endormir

La nullité royale, aux temps des Clodomir;

C'est un tender qu'agite une force animée,

Qui passe dans le bruit, la flamme et la fumée,

Et dont le maître unique est choisi pour l'emploi

D'entraîner un immense et turbulent convoi.

Comprends la part du peuple et celle qui t'est faite :

C'est pour être son guide et marcher à sa tête

Qu'il livre sa fortune à ton commandement;

Ta vie et ton devoir sont dans le mouvement;

Tant que, droit vers le but, sans arrière-pensée,

Tu sauras te tenir dans la ligne tracée,

Sur le char frémissant tu poursuivras ton cours;

Le char t'écrasera, s'il manœuvre à rebours.

Voilà l'alternative à tes destins ouverte.

Les conseillers du mal, ceux qui veulent ta perte,

Par des empiétements, par des piéges adroits,

T'exciteront sous main à sortir de tes droits;

Ils t'apprendront comment, aux choses d'un autre âge,

Par insensible couche on met un replâtrage;

Ils te peindront l'époque où, sans qu'il s'emportât,

Tous les fardeaux pesaient sur l'humble tiers-état,

Où sous la loi d'un seul la France était fléchie,

Comme le siècle d'or de notre monarchie;

Ils te diront enfin que, dans l'ordre nouveau,

Celui qu'on nomme roi n'est plus qu'un soliveau,

Qu'avec l'absurdité de la Charte moderne,

Avec ces trois pouvoirs dont l'ensemble gouverne,

Un trône, désormais, ne peut être affermi;

Qu'en régnant par le peuple on n'est roi qu'à demi.

Ils te diront cela; je te dis le contraire.

Quand même tu serais libre de te soustraire

A cette loi qui borne, inflexible compas,

Le cercle de tes droits, tu ne le voudrais pas;

Non, à rétrograder vers cette vieille France

Où la crédulité, la crainte, l'ignorance

Au dogme monarchique enchaînaient les esprits,

Tu ne chercherais pas la couronne à ce prix.

Sur de mouvants appuis, bien qu'elle se soutienne,

La seule royauté c'est la nôtre et la tienne.

Que regretterais-tu dans celle du vieux temps?

Au sort du batelier qui sur de lourds étangs

Promène sans effort une molle nacelle,

Quel homme, si la gloire à ses yeux étincelle,

Ne préfère celui du courageux marin

Qui sur les flots grondants voyage en souverain?

Et l'indolent pasteur dirigeant dans sa route

Un stupide bétail qui marche, bêle et broûte,

Peut-il se comparer à l'homme résolu

Qui, pour justifier les droits qui l'ont élu,

Portant au lieu de sceptre un flambeau tutélaire

Et dominant du front son siècle qu'il éclaire,

Vers un large avenir s'élance avec transport,

Devant un peuple libre, intelligent et fort?

Imprimerie Lange Lévy et Comp., 16, rue du Croissant.

ZODIAQUE

SATIRES

A M. DE RAMBUTEAU

LE BAL MABILLE.

PAR

BARTHÉLEMY.

Prix : 50 centimes.

PARIS

LALLEMANT-LÉPINE,

Rue Richelieu, 52.

ET CHEZ MARTINON, ÉDITEUR, 4, RUE DU COQ-SAINT-HONORÉ,

1847

ZODIAQUE

A M. DE RAMBUTEAU

LE BAL MABILLE.

> Nous dansons sur un volcan.
> *Paroles célèbres.*

C'est une vérité bien triste, mais bien claire :
Plus le sourcil du temps se fronce avec colère,
Plus l'époque est sinistre et le ciel orageux,
Plus le peuple se rue à de frivoles jeux.
Ses aveugles gaîtés sont la juste mesure
Du deuil de la patrie et de sa flétrissure ;
Pour mentir au chagrin qui rend son teint blafard
Il se pince la joue et s'empâte de fard,

Sur un chemin de fleurs court à sa décadence,

Et, plus qu'en liberté, les fers aux pieds, il danse.

L'esclave et le forçat chantent des airs joyeux,

L'oiseau qu'un fer barbare a privé de ses yeux

Invente des concerts, des notes inconnues

A ses frères lointains qui passent dans les nues.

Non, rien n'atteste mieux les tristesses du temps :

Dès que l'homme recourt à de tels excitants,

Qu'il jette, à si grands flots, sa joie extérieure,

A ses mornes foyers soyez certain qu'il pleure.

Quand l'heureux citoyen est sûr d'être abrité

Par un pouvoir d'honneur, d'ordre, de probité,

Il est moins pétulant pour ces jeux spasmodiques ;

Il dort en paix au sein de ses dieux domestiques,

Et ne va pas chercher par delà sa maison

Des tourbillonnements qui troublent la raison.

Quand les temps sont mauvais, quand son œil ne se plonge

Que dans l'impureté, l'opprobre, le mensonge,

Et que sur l'horizon où plane le pouvoir

Chaque jour lui dénonce un lendemain plus noir,

Triste, découragé, plein d'un vague malaise,

Il ne peut plus tenir sous son toit qui lui pèse,

Il souffre d'être seul, son esprit et son corps

Tendent à s'étourdir dans les bruits du dehors;

Il lui faut une ivresse, il faut qu'il multiplie

Les cirques, les jardins où tourne la folie,

Et dans une autre arène, où court son désespoir,

Aux douleurs du forum il échappe le soir.

Jamais Rome ne vit de scènes plus folâtres,

N'eut plus d'emportement pour les amphithéâtres,

N'illumina ses nuits de plus larges flambeaux,

Qu'au temps où sa grandeur s'en allait par lambeaux.

Elle sentait son cœur rongé par la gangrène;

Des brutes revêtaient la pourpre souveraine;

De lâches parvenus, des affranchis hautains

De sa liberté morte engraissaient leurs festins,

Dévoraient des Catons le pudique héritage;

L'ignoble sénateur vivait d'agiotage;

L'avarice, le vol, le sordide calcul

Infectaient tous les rangs, du licteur au consul;

Tout l'empire exhalait une odeur funéraire:

Alors, de cette angoisse il fallait se distraire;

Et l'arène s'ouvrait, et du haut des gradins

Le peuple était heureux de voir les baladins,

Les athlètes , tombant dans la sanglante lutte,

Les mimes, les bouffons, les joueuses de flûte ;

Et le bétail romain rentrait, ivre et lassé,

En disant : couchons-nous, c'est un jour de passé.

Elle aussi se couchait sur le bord de l'abîme

La France de Louis-Quinze, inerte et cacochyme ;

Elle voyait danser, avec des yeux éteints ,

Ses marquis endettés, ses prélats libertins ;

Un vertige emportait les cœurs mélancoliques ;

Le royal Trianon jouait aux bucoliques ;

Ses courtisans changés en bergers fabuleux

Décoraient leur houlette avec leurs cordons bleus ,

Et cette foule, en proie à la même démence,

Se mêlait, se heurtait dans une ronde immense,

Sans songer, une fois, que le gouffre était là.

Tout à coup sous leurs pieds le plancher s'écroula,

Entraînant avec lui les acteurs de la scène ;

Les sièges, les décors, tout cet amas obscène,

A M. DE RAMBUTEAU.

Tout ce siècle moudit de rubans, de galons,
De paillettes, de poudre et de rouges talons.
Quatre ans, à peine, avaient passé sur ces décombres,
Qui le croirait ! parmi des jours encor plus sombres,
Quand, les pieds dans le sang, ainsi que dans un bain,
Le sombre Comité, colosse jacobin,
Dans les longs tombereaux de la Conciergerie
Traînait à l'abattoir sa chair de boucherie,
Paris avait encor ses fêtes et ses bals ;
Ceux qui n'étaient pas morts riaient dans les Waux-Halls;
L'orchestre remplaçait le tréteau du supplice ;
La hache avait à peine achevé son office,
Que le joyeux archet au son des instruments
Des quadrilles lascifs pressait les mouvements;
Entre de frais gazons, sous de verts labyrinthes,
Chacun de la journée oubliait les empreintes,
Et se hâtait d'user dans un fiévreux plaisir
Un corps qu'à tout moment Samson pouvait saisir.

Les temps où nous vivons, nul ne le désavoue,
Sont moins tachés de sang, mais plus tachés de boue;

Notre bourreau c'est l'or, c'est la cupidité ;

Chaque jour guillotine une moralité ;

Les croyances du bien s'en vont une à une ;

Tout est mis à l'encan, tout, même la Tribune ;

On vole, sans pudeur, sous les yeux de l'État,

Le bouillon du malade et le pain du soldat.

Le vieux blason n'est plus, sa gloire est obscurcie ;

C'est bien : nous avons fait une aristocratie

De Lombards enrichis par le cinq et le trois,

De spongieux traitants, gonflés dans les octrois,

De marchands de terrains de poudreux architectes

Qui dans la bande noire ont mis leurs mains suspectes ;

De joueurs dont le dez n'a que trop réussi ;

De parvenus plus fiers que les Montmorency.

Tous ces êtres, longtemps nourris de turpitudes,

Dans leur nouvel état portent leurs habitudes,

Et jusque sous le frac bordé de feuilles d'or

De leur premier métier se souviennent encor.

Ah ! quand le mal atteint ces éminentes sphères,

Quand les hommes d'état sont les hommes d'affaires,

Quand jusqu'à cet excès les grands sont pervertis,

Quand l'exemple est si haut, que feront les petits ?

Au palais-Luxembourg puisqu'elle se hasarde,

L'improbité peut bien entrer dans la mansarde;

Et si mon boulanger grapille quelques sous

Sur son pain qu'il me vend à faux poids, je l'absous,

En songeant à tous ceux qui, de leurs mains gantées,

Dans les greniers publics volent par charretées.

Fatal entraînement ! chaque soleil nouveau

Révèle un nouveau crime à broyer le cerveau,

Un forfait inventé pour notre seule époque ;

Le juge est consterné par les noms qu'il évoque ;

Le juge même tombe aux mains du guichetier ;

L'artisan matinal qui va vers son chantier,

Et suit à pas pressés le trottoir de bitume,

Glisse au seuil des hôtels et voit du sang qui fume.

Quel siècle ! quelles mœurs ! que garde l'avenir ?

Un monde ainsi formé peut-il se maintenir ?

Toute lueur d'espoir est-elle disparue ?

Voilà ce que chacun demande en pleine rue ;

Le doute et la stupeur glacent tous les esprits.

Cessez donc aujourd'hui de vous montrer surpris,

Si, pour ravir une heure au deuil qui nous obsède,

Des tumultes joyeux nous cherchons le remède,

Si la foule du soir précipite ses pas

Vers des lieux où l'on parle, où l'on ne pense pas.

Chaque âge a vu les siens : tour à tour s'est usée

La gloire d'*Idalie* et celle du *musée ;*

Plus de *Delta ; warbeuf* s'est couché dans l'oubli;

Beaujon est un désert; le riant *Tivoli*

Dont le nocturne éclat brûlait notre paupière,

Pleure et conte sa chute à des tailleurs de pierre;

Le *Rénelagh* lui-même, après de longs honneurs,

Demande où sont allés ses légers promeneurs,

Ses nymphes de satin à la taille fluette;

Il dort silencieux auprès de la *Muette ;*

Quelques vieux écrivains, ermites de Passy,

Vont seuls encor rêver sur son gazon roussi.

Des choses d'ici-bas telle est la destinée !

Mais la nouvelle fleur croît sur la fleur fanée;

Non loin des vieux débris dont nous nous consolons,

Euterpe et Therpsichore ouvrent d'autres salons

Scintillants de flambeaux, de danses et d'orchestres,

L'arc de l'*Étoile* entend des merveilles équestres,

Où le le peuple, étagé comme aux cirques romains,

Sur *le Champ du drap d'or* se penche et bat des mains.

Le plaisir tourbillonne aux deux rives du fleuve;

Là, l'antique Chaumière éternellement neuve,

Sous ses bois que visite un souffle restaurant,

De l'une et l'autre école engouffre le torrent.

Ici les nobles *Fleurs*, courtoises châtelaines,

Avec leur teint splendide et leurs fraîches haleines,

De leur riche manoir fêtent les visiteurs,

En mêlant l'harmonie à leurs douces senteurs.

Vers les hauteurs du nord, comme une citadelle

Qui domine une ville éparse au-dessous d'elle,

L'éclatant *Château-Rouge* épanche sur Paris

Ses longs échos sortant d'entre de verts abris,

Ses hourrah de bacchante et ses blanches fusées

Dont le sillon s'étend jusqu'aux Champs-Élysées.

Mais entre les splpendeurs de son noble jardin,

Mabille les entend, les voit avec dédain.

Au bord de cette *allée* où tant de jeunes *veuves*

De cent nouveaux hymens vont tenter les épreuves,

D'un coup de sa baguette, une fée a construit

Un palais qui s'éveille aux heures de la nuit;

L'or sur son doux plancher s'éparpille en limailles;

Le ciel est son plafond, des bosquets ses murailles;

Un trône est au milieu, d'où jaillissent des sons,

Des accords palpitants, d'électriques frissons;

Parmi trois mille feux qui, dans ce frais dédale,

Dardent une lueur blanche et pyramidale,

Des bananiers de bronze au feuillage écarté,

De leur fruit lumineux suspendent la clarté.

Prestigieux aspect où l'ame s'hallucine!

Telle se déroulait la demeure d'Alcine,

Tel dut être l'Éden par Dieu même embelli,

Mais l'Éden tel qu'il fut quand Adam eut failli.

C'est dans ce Trianon, voluptueux gymnase,

Que sur leurs ailerons de dentelle et de gaze,

Des sylphides sans nombre échappent au boudoir,

Voltigent en cadence aux approches du soir.

De profanes grelots leur tête se couronne;

O vierge de Lorette! es-tu donc leur patrone?

Peux-tu bien leur prêter ton égide? Et pourquoi

N'est-ce pas Madeleine, hélas! au lieu de toi?

Les voici : l'une arrive en calèche princière ;

Un autre, aux brodequins ternis par la poussière,

Entre d'un pas furtif en se séchant le front.

C'est le hasard du mois; les rôles changeront.

Dans les prospérités et les déconfitures

Elles tournent sans fin : pieuses créatures,

Qui dans la Providence ont un si ferme espoir

Que jusqu'au lendemain elles n'osent prévoir!

Nulle histoire n'est plus féconde en épisodes :

Leur fortune varie et passe avec leurs modes.

Plus d'une bien longtemps a tiré le cordon

De l'hôtel qui la voit dormir sur l'édredon.

Dans un subit contraste elles semblent se plaire :

Déjeunant au champagne et soupant à l'eau claire,

Tantôt semant de l'or, tantôt cueillant des sous.

Telle que vous voyez, sous ses hauts marabouts,

Dans un fringant landau passer, en odalisque,

De l'arceau triomphal au pied de l'obélisque,

Ira dans quatre jours aux discrets *Blancs-Manteaux*

Porter sous un tartan ses derniers capitaux ;

Et telle autre, réduite à manger le trimestre

D'un pauvre étudiant, son cavalier pédestre,

Aura son prince russe ou son mylord anglais :

Le matin au grenier, le soir dans un palais.

Silence ! ouvrons les yeux : sur sa frêle charpente,

Pilaudo fait rugir sa fanfare crispante ;

La walse, la polka déroulent leurs chaînons.

Qui choisir, qui citer sur tant d'illustres noms !

A ses cheveux ondés, à son type créole,

On distingue *Frisette*, enfant léger d'Éole ;

Dans les bonds convulsifs d'un cercle chamarré,

L'astre déjà fameux aux temps de Pomaré,

La fière *Mogador*, étale avec luxure

Sa taille, dont Minerve envîrait la cambrure ;

Voilà *Marionette*, un œil dans le lorgnon.

Celle-ci qui parfois avec son pied mignon

Frôle de son danseur la moustache frisée,

Du nom de *Rigolette* un jour fut baptisée,

Triomphante surtout quand l'écart s'accomplit

Au nez de l'inspecteur qui flaire tout délit.

Pendant qu'au point central cette élite escadronne,

Pallante et *Biaritz*, l'une et l'autre baronne,

Errent au fond des bois, cherchant un cavalier,

Avec les trois *Fanchon*, la naine *Letellier*,

La brune *Angélina*, que l'Hippodrome admire,

Zozo, *Nini* la juive, *Emma*, *Rose*, *Palmyre*,

Pléiade que le Ciel à Mabille accorda

Et qui descend le soir des hauteurs de Bréda.

Mais entre les grandeurs de la chorégraphie,

L'astre qui les gouverne et qui les mystifie,

Le plus beau, le plus fort, surtout le plus savant

Pour tournoyer son bras comme un moulin à vent,

C'est l'heureux *Brididi*, dont la gloire première

Se révéla, dit-on, au sein de la *Chaumière*,

L'homme qui ne connaît ni maître ni rival,

Le héros du *lancé*, le dieu du festival.

Quelle foule compacte inonde cette enceinte,

S'y promène par blocs du centre à la préceinte!

Combien de cheveux noirs et de fronts argentés!

Tous les départements y sont représentés;
On reconnaît sans peine, à travers ce mélange,
Les notaires royaux et les agents de change
Près des reines du lieu se traînant à pas lourds,
Les Lions, usurpant des siéges de velours,
Et même de grands noms du monde politique
Qui viennent essayer ce contact érotique,
Et, par l'ombre des bois prudemment abrités,
Fixent leurs yeux ardents sur les célébrités.

Toi, tu n'as pas fléchi sous cette fausse honte :
A ton rang de préfet, à ton titre de comte,
Bien loin de ménager un lâche incognito,
Tu t'es montré sans peur, paternel Rambuteau !
Tu t'es transfiguré dans l'éclat de ta gloire;
Et c'est un de ces jours qu'éternise l'histoire
Que le jour où la main d'un noble introducteur
Offrit à *Rigolette* un pareil visiteur,
Et que tu vins exprès, en sévère tenue,
Couronner en public la rosière ingénue;
Chaste solennité d'un fait contemporain

Qui mérite de vivre incrusté sur l'airain !

Terminons. Je ressens les accès de bile.

Oui, les jardins, les bals, *la Chaumière*, *Mabille*,

Voilà nos mœurs, voilà le rêve de nos nuits,

Volà les passe-temps où nous sommes réduits.

Maintenant tonnez donc sur ces jeux et ces fêtes.

Voilà nos mœurs ; c'est vous, vous seuls qui nous les faites,

Vous qui nous contraignez par un joug infamant

A perdre la raison dans cet enivrement ;

Vous, magistrats du peuple et dont le ministère

Doit nous fortifier par un exemple austère,

Qui, par votre présence et votre autorité,

Érigez le scandale en popularité,

Et, comme Phalaris, lâchez des corybantes

Pour étouffer nos cris dans vos cuves ardentes.

Oui, viennent maintenant Fulchiron et consorts

Du déclin social nous imputer les torts,

Et de nos jours pervers déroulant la peinture

En rejeter la faute à la littérature.

Quoi ! c'est d'entre nos rangs que le mal est sorti !

Vous l'osez affirmer ! Vous en avez menti.

Des vices de nos jours loin d'être le principe,

Notre œuvre en est l'empreinte et le daguerrotype.

Quand des sujets hideux chargent nos horizons,

Avec le cœur navré nous les reproduisons ;

Nous clouons cette image aux angles de la rue,

Dans toute sa laideur, dans sa vérité crue,

Afin que cet aspect, comme un miroir glaçant,

D'un salutaire effroi saisisse le passant.

Tel est notre devoir, notre rôle ; et peut-être

C'est dans la juste peur de vous y reconnaître

Que vous poussez si haut vos absurdes clameurs :

Nos vers et nos romans sont le tableau des mœurs.

Imprimerie Lange Lévy et Comp., 16, rue du Croissant.

A LÉOPOLD II

GRAND-DUC DE TOSCANE.

—

LA NOUVELLE ITALIE.

> Expecto resurrectionem.
> *Symbole de Nicée.*

Ta grande ombre, Italie ! à l'appel est docile !

Le Vésuve, animant son frère de Sicile,

Lui parle avec sa voix qui tant de fois tonna ;

Le Mont-Gibel reprend les foudres de l'Etna.

Comme deux noirs géants dont les têtes dressées

Se transmettraient de loin d'orageuses pensées,

1847

Le dôme de Saint-Pierre, où Dieu souffle son plan,

Fait un signe compris par celui de Milan.

On dit qu'on voit suer le roc du Capitole;

Les antres sybillins retrouvent la parole;

Les airs sont traversés par des bruits inconnus;

Tout annonce, tout dit que les temps sont venus,

Que deux grands ennemis vont heurter leur puissance;

L'antique Labarum du vainqueur de Maxence

Reparaît au couchant, à l'est, au sud, au nord.

De Turin jusqu'aux murs que bâtit Anténor;

Des glaciers de la Suisse aux campagnes de Lucques,

Voyez-vous chanceler ces idoles caduques?

Voyez-vous resplendir, sous un ciel crevassé,

Le rajeunissement du ténébreux passé?...

Rome, pendant les jours des triomphes antiques,

Eut son cirque funèbre, aux arceaux granitiques,

Où s'étayait la foule, où de vils combattants

Dans des gueules de tigre expiraient palpitants;

Pour des tableaux pareils la scène est disposée,

Et l'Italie entière est un grand Colisée.

Ses généreux enfants, intrépides acteurs,

Ses peuples tout entiers sont les gladiateurs

Qui viennent pour jouer le sang de leurs artères

Contre d'autres lions, contre d'autres panthères ;

Pour lutter corps à corps, sur un terrain fumant,

Avec l'absolutisme et l'abrutissement.

L'arène est un royaume ouvert à la bataille,

Les Alpes ses gradins et ses pierres de taille

D'où l'Europe debout se penche avec transport

Pour voir le premier choc de cette lutte à mort.

Trois destins sont promis aux princes de la terre :

Ceux qui, pour étouffer l'irascible cratère,

Serreront des deux mains son couvercle de feu,

Disparaîtront dans l'air, brûlés comme un cheveu.

Ceux que leur propre peuple, avec sa main hardie,

Forcera de marcher à travers l'incendie,

Histrions dans un rôle imposé par l'effroi,

Seront déshabillés de leur manteau de roi.

Ceux qui, sans peur de voir leur pourpre consumée,

Et passant dans des flots de flamme et de fumée,

Accourront les premiers au gouffre dévorant,

Et régleront le cours du sulphureux torrent,

Ceux-là, sur cette lave à la fin refroidie

Seront dignes d'asseoir leur royauté grandie;

Et tout citoyen libre, aux siècles qui viendront,

Quand on parlera d'eux, découvrira son front.

Prince ! décide-toi dans cette triple route ;

Laquelle choisis-tu ? la dernière sans doute ;

C'est la moins périlleuse et celle du devoir.

Tes yeux ne se sont pas éteints dans le pouvoir,

Notre fibre n'est pas étrangère à la tienne,

Et l'homme est plus dans toi que l'archiduc de Vienne.

Tandis que le progrès n'éveille nul écho

A la cour des Césars, trône du *statu quo* ;

Que le vieux despotisme, avec ses mains ridées,

Abat, comme Tarquin, les fleurs de nos idées,

Et sur la liberté jette un pesant linceul,

Toi, tu ne démens pas ton magnanime aïeul

Dont la pieuse main que le monde vénère

Déchira de son code un feuillet sanguinaire,

Renversa des bourreaux les hideux appareils,

Et, d'un sage prélat invoquant les conseils,

Entre les profondeurs de son repaire inique,

Saisissant par le froc le noir saint Dominique,

Sur le marché public le fit vendre à l'encan,

Avec son chevalet, sa roue et son carcan.

Oui, le bien de ton peuple est le but de tes rêves ;

D'un régime ombrageux bien loin que tu le grèves,

Tu le laisses penser et parler à loisir ;

Ton zèle tolérant lui permet de choisir

Entre la foi romaine et la foi gallicane ;

Tu sens qu'un règne doux est fait pour la Toscane,

Qu'il faut, au lieu du sceptre, instrument de douleurs,

Le bâton pastoral pour la ville des fleurs.

Par de telles vertus un souverain s'honore ;

Est-ce assez pour ton peuple ? Il prétend plus encore :

Ce qu'il tient de ta libre et seule volonté,

Il le veut en vertu d'un droit incontesté ;

Il sait trop que du sort la loi surnaturelle

Fait succéder parfois Commode à Marc-Aurèle,

Transforme sa fortune en changeant le césar ;

Il frémit, en un mot, d'être heureux au hasard,

De songer que, toujours à sa péripétie,

Son destin ne dépend que d'une apoplexie,

Et qu'en se couchant libre, à tous les lendemains

Il peut se réveiller avec des fers aux mains.

Rassure ces terreurs ; pour ce peuple qui t'aime

Construis un avenir au-delà de toi-même ;

Fût-il entre tes mains encor plus paternel,

Convertis l'arbitraire en pacte solonnel ;

Du siècle qui te pousse accepte l'exigence ;

Souverain du progrès et de l'intelligence,

Ose, d'un bond hardi, te mettre à la hauteur

Du pontife romain, sublime novateur;

Ose de ses vertus te porter solidaire;

Qu'à chacun de ses pas chacun des tiens adhère;

Déclare-toi, tout haut, prêt à le soutenir,

Si le temps vient jamais.... et ce temps va venir.

Oui, dans le nord brumeux un ouragan s'apprête;

L'aigle germain ne dort jamais que d'une tête;

Bien qu'au fond de son aire il paraisse engourdi,

Son œil fauve est ouvert sur l'orageux midi.

Or, quand sa longue serre, ardente à la rapine,

Sentira remuer la terre transalpine,

Et que, du haut des monts qu'il a pris pour perchoir,

Il développera le drapeau jaune et noir,

Il faudra que chacun choisisse l'attitude

Ou de l'indépendance ou de la servitude;

Et, suivant sans détour l'un ou l'autre chemin,

Soit Gibelin ou Guelfe, Allemand ou Romain,

Dans ce drame sanglant chacun prendra son rôle :

Parmi ceux qui mettront le fusil sur l'épaule,

Le plus grand doit régner sur les peuples latins.

Mais ne devançons pas la marche des destins;

Vaincre d'abord, voilà l'œuvre préparatoire,

Plus tard on réglera les parts de la victoire;

On verra, pour monter à ce suprême rang,

Ou d'Albert ou de toi quel sera le plus grand.

A des coups décisifs que le monde s'attende.

Ce n'est pas cette fois un chef obscur de bande,

Un proscrit isolé sans prestige et sans nom,

Qui dresse dans un coin son étroit gonfanon;

C'est Rome suscitant ses tribus orphelines,

Avec sa grande voix qui sort des sept collines;

C'est un pontife-roi, triplement couronné,

Un sage devant qui le monde est incliné,

Un homme de vertu, de force et de génie,

Levant son étendard contre la tyrannie,

Proclamant la réforme, épurant le saint lieu,

Avec l'autorité du vicaire de Dieu.

Au monde que sa voix éclaire et civilise

Il vient prouver qu'on a calomnié l'Église,

Qu'elle est pour chaque siècle un phare de clarté.

Il a dans sa grandeur compris la papauté.

Il sait qu'il n'a reçu son terrestre domaine

Que pour y féconder l'intelligence humaine ;

Que le code éternel dicté par Jésus-Christ

Veut l'affranchissement du corps et de l'esprit ;

Que la force des rois deviendrait bien fragile

Si la révolte un jour s'appelait Évangile ;

Que nul pouvoir mortel ne résiste à celui

Qui donne à son levier le ciel pour point d'appui.

Il ne se cache pas la lutte qu'il affronte ;

L'hydre siffle et se tord sous le pied qui la dompte,

Il le sait ; ce n'est pas d'aujourd'hui seulement

Que l'Église se heurte au colosse allemand ;

Et Vienne ne poursuit que l'œuvre du vieil âge

En voulant asservir Rome à son vasselage.

Mais, outre le secours de l'allié d'en haut,

Dont le bras invoqué ne fait jamais défaut,

Il ose croire aussi que dans l'Europe entière,

Sur un lointain rivage ou près de sa frontière,

Il se trouvera bien un peuple assez humain,

Un prince assez loyal pour lui tendre la main.

Et, dût-il n'obtenir nulle assistance amie

Et d'un vaste abandon contempler l'infamie,

Dans son glorieux plan, loin de se ralentir,

Il combattrait tout seul comme apôtre et martyr ;

Il irait, a t-il dit, sur le pavé des rues,

A ses Transteverins demander des recrues.

Et seul, à pied, marchant avec son crucifix,

Trouverait un soldat dans chacun de ses fils.

Non, prophète inspiré ! moteur d'un nouveau monde !

Tu ne seras pas seul dans l'œuvre qui se fonde ;

Des bras te soutiendront dans ton sillon ardu.

Plus d'une forte voix t'a déjà répondu :

Le Piémont te salue avec cent mille épées ;

L'Angleterre, qui tient ses flottes équipées,

Consacre à préserver tes bords indépendants
D'hérétiques canons, diplomates grondants ;
L'Arno se souviendra qu'il est frère du Tibre ;
Nous-mêmes, dont la peur semble énerver la fibre,
Secouant nos drapeaux par la gloire entraînés,
Nous volerons à toi, comme tes fils aînés.
Honte au peuple abruti, dont la ferveur éteinte
Ne se *croiserait* pas pour cette guerre sainte,
N'oserait dépenser un héroïque effort
Pour ravir l'Italie aux Sarrazins du Nord !
Non, le sol qui jeta tant de lueurs célèbres
Ne peut rester soumis à l'esprit de ténèbres.
Terre des arts, des lois, de tout grand souvenir,
Centre où tous les rayons viennent se réunir,
Avec un saint respect le monde la regarde ;
Le ciel l'a confiée à notre sauvegarde ;
Il apposa sur elle un vénérable sceau ;
Son sépulcre à tout peuple a servi de berceau ;
De l'Europe savante elle est l'institutrice.
A peine a-t-il quitté le sein de sa nourrice,

Que l'enfant se réchauffe autour de son foyer,

Et dans son vers classique apprend à bégayer,

Nulle de ses cités qui ne soit notre école,

Qui ne se montre à nous avec une auréole :

Urbin fait resplendir le nom de Raphaël ;

Venise au Titien dresse un socle éternel ;

Tasse est le grand joyau dont Sorrente se pare ;

Arioste et Monti patronisent Ferrare ;

Sur les murs d'Arezzo Pétrarque rayonna ;

Gênes nomme Colomb, et Nice Masséna.

Voyez-vous s'avancer, en lumineux cortége,

Canova, Rossini, Carrache, le Corrége,

Orgueil de notre époque ou des âges anciens,

Nos maîtres, nos amis, nos grands concitoyens !

Mais Venise, Milan, Naples, Sienne, Pérouse

N'offrent rien en grandeurs que Florence jalouse.

Elle seule enfanta de son flanc maternel

Deux terribles penseurs, Dante et Machiavel,

Nicolini, Guido, Cellini, Michel-Ange,

Et, dominant encor cette noble phalange,

Deux noms qui rempliraient chacun un panthéon,

Dont l'un est Mirabeau, l'autre Napoléon.

Serrons-nous donc autour de la mère-patrie.

Que ce vieux Latium, cette grande Hespérie,

Redeviennent la terre où la faveur du ciel

Fit couler en ruisseaux le vin, l'huile et le miel.

La louve qui nourrit deux enfances jumelles

Garde encor pour ses fils du lait dans ses mamelles ;

Ses bords sont arrosés par des fleuves pareils ;

Ses germes primitifs ont les mêmes soleils ;

On n'a pas épuisé son fécond territoire

Des blocs de marbre blanc qui parlaient de sa gloire.

En la voyant dormir sous des cieux sans hivers,

Dilatant sa poitrine aux brises de deux mers,

Rassemblant, aux doux sons de la flûte joyeuse,

Ses troupeaux accroupis sous le frêne et l'yeuse,

Les poëtes divins qui nous bercent encor

Dans ses champs fortunés placèrent l'âge d'or ;

Puisse-t-il refleurir sur la même contrée !

Non tel qu'on dut le voir sous Saturne et sous Rhée,

Quand l'homme dévorait, avec ses doigts sanglants,

Des lambeaux de chair crue assaisonnés de glands,

Et dormait sur la dure au fond d'une caverne ;

Mais le vrai siècle d'or d'un grand peuple moderne,

Le siècle fécondant les sciences, les arts,

Le commerce, le luxe aux splendides bazars,

Perçant des monts, jetant des chemins dans les nues,

Ouvrant à ses tenders des routes inconnues ;

Le nouveau siècle d'or, âge de puberté,

Avec les droits égaux, la juste liberté,

Avec le code saint de la démocratie,

Tel qu'au monde païen l'annonça le Messie,

Tel que l'a proclamé le roi du Vatican,

Tel que tu dois le faire à ton peuple toscan.

Imprimerie Lange Lévy et Comp., 16, rue du Croissant.

ZODIAQUE

A M. ROTHSCILD

—

LE PEUPLE JUIF.

> On ne voit plus aucun reste ni des anciens Assy-
> riens, ni des anciens Mèdes, ni des anciens Perses,
> ni des anciens Grecs, ni même des anciens Ro-
> mains. Les Juifs, qui ont été la proie de ces na-
> tions si célèbres dans les histoires, leur ont sur-
> vécu ; et Dieu en les conservant nous tient en
> attente de ce qu'il veut faire encore des mal-
> heureux restés d'un peuple autrefois si favorisé.
>
> BOSSUET, *Discours sur l'histoire universelle.*

Ce n'est pas tout-à-fait une légende vaine,

Un conte inadmissible à la raison humaine,

Que cet homme frappé de l'empreinte de Dieu,

Citoyen de la terre et proscrit de tout lieu,

Qui, sans pouvoir trouver un endroit pour sa tombe,

Demeure seul debout entre tout ce qui tombe,

Recommence toujours un éternel chemin,

Et traverse le monde, un bâton à la main.

Cet être infatigable à parcourir sa route,

Cet étrange marcheur n'existe pas sans doute,

Non ; mais il est le type et l'emblème certain

D'un grand peuple courbé sous le même destin,

Égarant comme lui sa fuite vagabonde,

Sa vie indestructible à tous les coins du monde ;

Sans terre, sans états, sans royaume, et pourtant

Sur cent empires morts toujours seul existant ;

Toujours comme Daniel sortant de la fournaise,

Toujours portant au front le sceau de la Genèse,

Et depuis six mille ans à lui-même pareil ;

Six mille ans ! c'est son âge et celui du soleil.

Sans juger si sa race est élue ou maudite,

En face d'un Hébreu quel penseur ne médite,

N'examine, ne touche avec de saints frissons

La race inamovible entre nous qui passons !

De trouble et de respect l'antiquaire en tressaille ;

De quel métal est donc cette étrange médaille
Qui, dans Sichem frappée au coin de Jéhovah,
A si bien conservé les traits qu'il y grava,
Intacte comme au jour qu'elle sortit du moule,
Malgré le frottement des nations en foule,
Infusible au milieu du cratère profond
De ce fatal creuset du temps où tout se fond ?
L'histoire explique tout, excepté ce mystère,
Cette énigme jetée aux sages de la terre,
Et qu'éternellement on chercherait en vain,
A moins de feuilleter le volume divin,
De mêler son esprit à celui du prophète,
D'en demander le mot à celui qui l'a faite ;
Alors elle est visible au sens religieux.
Sinon, c'est un problème à dessécher les yeux.

Faut-il que cette image incessamment me suive ?
Quelle vitalité dans cette race juive !
Quel peuple ! voyez-vous par quel puissant effort
Son pied tenace adhère au limon dont il sort !

Comme le premier né de la famille humaine,

On dirait qu'il reçut le monde pour domaine,

Qu'il est maître et seigneur du terrain tout entier

Dont tout autre, en passant, n'est que l'usufruitier.

Où ne trouve-t-on pas ses vestiges notoires ?

Sa sandale a marché dans toutes les histoires ;

A toutes les grandeurs il a porté la main,

A l'Asie, à la Grèce, au colosse romain ;

Il a vu, dans sa longue et tragique épopée,

Alexandre, Cyrus, Marc-Antoine, Pompée,

Le vieux Vespasien et son terrible fils ;

Les monts qu'il maçonna sont encore à Memphis ;

Les cités qu'il remplit sont toutes disparues.

Oui, ce peuple qui passe aujourd'hui dans nos rues,

Qui converse avec nous, qui couche sous nos toits,

Chez le Perse et le Mède habitait autrefois ;

Il errait, en chantant sur sa harpe captive,

Dans Suze, dans Ragès, Babylone et Ninive ;

Ses lèvres se trempaient dans les ondes du Nil,

Du Tygre et de l'Euphrate, amères pour l'exil.

Eh bien ! de ces splendeurs qui nous semblent un rêve,

De tous ces peuples forts par les lois et le glaive,

Plus riches, plus nombreux, plus florissants que lui,

Il ne reste pas même un atome aujourd'hui ;

Et lui, pauvre habitant d'une âpre solitude,

Lui, vaincu, ravagé, réduit en servitude,

Broyé par le marteau de trente nations,

Promenant en tout lieu ses désolations,

O prodige ! malgré les fers, le deuil, l'insulte,

Avec la même face, avec le même culte,

Portant encore aux mains les tables de sa loi,

Il est là, toujours là... qu'on nous dise pourquoi !

Mais que sert de conter ses antiques épreuves,

Ses exils continus avec les tribus veuves,

Son chemin de douleurs et de calamités,

Tous les tourments qu'il a subis et surmontés ?

Qu'est-ce pour lui d'avoir brisé tous ces obstacles ?

Un miracle plus grand que ces premiers miracles,

Et qui prouve encor mieux le principe puissant

Que le ciel infusa dans sa chair et son sang,

Un fait plus inoui, c'est de voir qu'il surnage

Après avoir franchi les flots du moyen-âge ;

Que ce peuple, réduit à son propre soutien,

N'ait pas tout disparu sous le monde chrétien.

Quel renouvellement de maux et de traverses !

Non, les Assyriens, les Mèdes, ni les Perses,

N'inventèrent jamais l'excès d'oppression

Que l'Europe versa sur les fils de Sion ;

Les vieux temps ne sont rien près de la nouvelle ère ;

Les saints inquisiteurs, instruments de colère,

En ont plus mutilé, plus broyé sous leur char

Que les Antiochus et les Salmanazar ;

De leurs sanglants lambeaux chaque terre est remplie :

France, Espagne, Angleterre, Allemagne, Italie,

Le monde entier se ferme à leur sinistre abord

Ou s'ouvre devant eux pour leur donner la mort ;

Toute ville devient Ninive et Babylone :

Là sur leur tête impure on cloue un bonnet jaune ;

Ici, comme un bétail, on les parque la nuit ;

D'infamantes clameurs la foule les poursuit ;

On invente pour eux des impôts et des tailles ;

Pour l'or qu'on leur suppose on fouille leurs entrailles ;

Ils expirent, aux mains des peuples et des **rois,**

Par le fer, par le feu, par la corde et la **croix.**

Impuissantes fureurs ! inutile démence !

Loin d'avoir extirpé leur féconde semence,

La rage des gentils, sous le fléau d'airain,

En écrasant la paille a fait bondir le grain.

Comme au temps d'Aaron, le peuple israélite

Continue à porter l'arche cosmopolite ;

L'hosanna retentit dans l'Inde, à l'Occident,

Sous le septentrion, sous le soleil ardent.

Rien n'est changé ; la loi garde sa forme antique,

Telle qu'elle est par Dieu marquée au Lévitique ;

L'autel des saints parfums, le chandelier d'or **pur,**

Le Propitiatoire, œuvres du fils de Hur,

La double pierre où vit l'éternel Décalogue,

A la place prescrite ornent la synagogue ;

La robe du grand-prêtre a gardé tous ses plis ;

Sous le même *taled* ils chantent recueillis ;

Leur bouche a retenu la langue modulée

Que parlaient leurs aïeux, que Dieu leur a parlée;

Debout, les pieds chaussés, comme prêts à partir,

Ils célèbrent toujours le sanglant souvenir

De ce festin pascal, le dernier qu'à la hâte

Ils mangèrent, la nuit, sur une rive ingrate.

Et si l'homme qui fut leur guide quarante ans,

L'homme qui porte au front deux rayons éclatants,

Si Moïse aujourd'hui descendait de la nue

Ou sortait tout à coup de sa tombe inconnue,

Il trouverait son peuple ainsi qu'il l'a quitté,

Toujours distinct, toujours empreint d'antiquité;

Il le reconnaîtrait à sa voix, à ses gestes,

A son profil convexe, à cent traits manifestes,

Le même qu'il mena par des chemins si longs

Du pays de Gessen aux fortunés vallons;

Celui pour qui sa verge, entre d'arides plaines,

De la pierre d'Horeb fit jaillir des fontaines;

Celui qui, tant de fois, contre lui murmura

Dans les déserts de Sur, de Sin et de Mara.

Leurs destins sont changés ; qu'ils bénissent la France :

Elle a sonné pour eux l'heure de délivrance,

Elle s'est élevée au rôle glorieux

Que Cyrus accomplit en sauvant leurs aïeux.

Dans un hymne d'amour que leur bouche la nomme.

Quand elle proclama les droits sacrés de l'homme,

Que son code immortel, par la raison dicté,

Des castes et des rangs raya l'iniquité,

Brisa des vieux abus la puissance factice,

Nul ne fut excepté du niveau de justice ;

L'astre qu'elle fit luire au monde ténébreux

Eut sa part de rayons pour le front des Hébreux ;

Refoulant au chaos les édits arbitraires,

La Liberté les fit nos égaux et nos frères,

Nous serra dans un même et saint embrassement ;

Ils ont justifié leur affranchissement.

A peine ont-ils reçu sur leur face ternie

Ce soleil de la loi qui chasse l'agonie ;

A peine ont-ils ouvert leurs avides poumons

Aux flots vivifiants de l'air que nous humons,

Qu'ils ont prouvé comment l'homme se régénère ;

Qu'ils ont développé ce type originaire,

Ces organes de feu, cet esprit d'Orient

Qui déroule le monde en le coloriant.

Eux qui jusqu'au pavé courbaient leur humble tête,

Du monde social ils atteignent le faîte :

Les voilà dans les arts devenus nos rivaux ;

La science jaillit de leurs profonds cerveaux ;

Les Stern, les Jacobi, que la gloire distingue,

Ont rapproché de nous Pétersbourg et Gottingue ;

Salvator tient la plume, Iesi le burin ;

Pereira de raill-wais sillonne le terrain ;

Entre les noms marquants pour qui sa porte s'ouvre,

Lehmann, Winterhatter prennent leur place au Louvre ;

Des torrents d'harmonie, en éclatant dans l'air,

Proclament Mendelshon, Halévy, Mayerbeer ;

Aux voûtes du Parquet leur voix nous interroge ;

La robe judaïque a reçu l'épitoge ;

Jusqu'au palais Bourbon, où tout resplendit mieux,

Le Sanhédrin s'installe avec Fould et Crémieux ;

Et sur l'antique scène, autrefois rebutée,

Où Racine soupire avec sa voix flûtée,

Où Corneille rugit ses larges vers romains,
Leur Rachel s'électrise au fracas de nos mains.

Entre ces sommités dont la tienne diffère,
Rothschild ! tu t'es ouvert une éminente sphère,
Non parce que la Bourse, océan orageux,
Tremble à ton *quos ego*, dans ses terribles jeux,
Se condense, de Naple au fond de la Baltique;
Mais comme un arc-boutant du monde politique.
Les rois sont à genoux devant le financier;
Quand leur main déployant la balance d'acier
Pèse des nations la lourde destinée,
Du côté de ton nom elle tombe inclinée.
Au fond de ton comptoir ces humbles grands vassaux
Viennent te marchander soldats, armes, vaissaux;
Sous peine de *faillir* ils te restent fidèles;
Londres, Vienne, Paris sont tes trois citadelles
Qui te montrent de loin comme l'ombre d'Endor,
Et dominent l'Europe avec des boulets d'or.
L'homme qu'à ces hauteurs la Providence érige,

Quand il regarde en bas est frappé de vertige.

Ferme les yeux ; recueille un moment tes esprits ;

Médite sur un sort digne d'être compris ;

Remplis-toi d'une grande et pieuse pensée :

Nulle chose, ici bas, n'est au hasard lancée.

Ce n'est pas en aveugle et sans combinaison

Que le dieu d'Israël fit grandir ta maison,

Que, prodigue pour toi, pour les autres avare,

Sur les douze tribus il la mit comme un phare.

Ce Dieu ne t'a choisi que pour son réservoir ;

L'excès des biens commande un excès de devoir.

Nous ne le nions pas, ta main est toujours prête

A répandre l'aumône ou publique ou secrète ;

Dans une égale part, au fond de leurs greniers,

Le juif et le chrétien reçoivent tes deniers ;

Tu souscris largement aux publiques détresses ;

Jamais, en te quittant, les nobles potronesses

Ne serrent les cordons de leur sac de velours,

Sans qu'à leurs doigts gantés ils paraissent plus lourds.

Ce rôle t'assimile à des riches vulgaires ;

Ce sont là des vertus qui n'appauvrissent guères,

Et qu'un simple bourgeois pratique indolemment

Afin d'édifier son arrondissement.

D'un luxe intérieur on dit que tu te pares :

Quoi ! des rideaux, des lits, des fauteuils en bois rares,

Des panneaux ciselés dans tes amples salons,

Des tapis où l'on craint d'imprimer les talons,

Quoi ! de cette splendeur ton orgueil se contente !

Eh ! quand tu la rendrais encor plus éclatante,

Quand du seuil de la porte à la cime des toits,

L'or d'Ophir coulerait dans ton hôtel d'Artois,

Que laisserais-tu donc, Rothschild, en cessant d'être,

De ce pompeux amas que ton pied foule en maître,

De ce faste où tes yeux se seraient tant complus ?

Un bruit de banque, un nom de chiffres; rien de plus.

Ose incruster ton nom ailleurs que sur le sable;

Sur des œuvres qui font la gloire impérissable ;

Dresse des monuments qui te feront bénir

Par le siècle qui passe et les temps à venir :

Fonde des ateliers, gymnases populaires,

Des collèges nourris par tes larges salaires;

Imite ce Beaujon qui, pour vivre au tombeau,

Bâtit uu hôpital auprès de son château,

Élève comme lui d'immuables hospices

Glorieux de porter ton nom aux frontispices ;

Sur l'inféconde lande et le fiévreux marais

Fais croître des épis ou des ombrages frais ;

Aux arts déshérités, aux nobles industries

Ouvre ces muséums, ces larges galeries

Qui portèrent longtemps à de si hauts destins

Le nom des Médicis, orgueil des Florentins.

Que dis-je ? voici bien une œuvre plus immense,

Un plan que le vulgaire appellera démence,

Que ton bras vigoureux pourtant peut achever,

Que du moins le poète a le droit de rêver :

A ton peuple semé sur tous les points du monde

Fais entendre un appel ; qu'il l'écoute et réponde ;

Que ce peuple à ton nom vienne se rallier ;

Montre-toi son *Rothschild,* son *rouge bouclier,*

Le bouclier des forts dont parle l'Écriture ;

Fais luire à son espoir une grandeur future,

Le retour vers le sol où tendent tous ses vœux,

Car la terre promise est à toi si tu veux :

Achète la Syrie à la Sublime-Porte,

Dix ou vingt millions, ou même plus, qu'importe !

Le Sultan obéré bondira de plaisir

De vendre ce lambeau qu'il a peine à saisir,

Et dont le vain tribut qu'attendent ses mains vides

Est rongé tous les ans par des pachas avides;

Sitôt que ces états te seront dévolus,

Rassemblant sous ta main les émigrés élus,

Tu les ramèneras sur cette terre amie,

Comme Zorobabel, Esdras et Néhémie,

Non pas pour rebâtir les bibliques sommets

Des murs de Salomon détruits à tout jamais ;

Mais pour édifier, au lieu de ce fantôme,

Un état social, république ou royaume,

Le règne pacifique et régénérateur

D'un peuple commerçant, agricole et pasteur,

Offrant aux nations en foule convoquées

Des autels pour la croix, des temples, des mosquées.

Ce que n'a pu l'Europe, avec Dieu pour appui,

Au siècle des croisés, est possible aujourd'hui.

Pourquoi l'œuvre de Penn qu'on traitait d'utopie

Ne pourrait-elle pas avoir une copie ?

Comme tu peux le faire, il acheta le sol

Où l'aigle américaine a pris un si haut vol.

Ah! si je n'offre ici qu'un poétique rêve,

En le formant, du moins, l'ame heureuse s'élève :

Il serait beau de voir ton peuple indépendant

Instruit aux lois, aux mœurs, aux arts de l'Occident,

Étendre tout à coup sa race policée

Des plaines d'Ascalon jusqu'à Laodicée,

Et ces mêmes proscrits dont le front soucieux

Eut, près de deux mille ans, le poids des autres cieux,

Avec ce même front rayonnant de lumière,

Rendus, par un prodige, à leur terre première,

Redresser, à ta voix, un nouveau piédestal

Au colosse tombé du monde oriental.

Imprimerie Lange Lévy et Comp., 16, rue du Croissant

ZODIAQUE

SATIRES

A VICTOR HUGO

LA POÉSIE

PAR

BARTHÉLEMY.

Prix : 50 centimes.

PARIS

LALLEMANT-LÉPINE,

Rue Richelieu, 32.

ET CHEZ MARTINON, ÉDITEUR, 4, RUE DU COQ-SAINT-HONORÉ,

1847

ZODIAQUE

A VICTOR HUGO

LA POÉSIE.

> La poésie est une chose plus sérieuse qu'on
> ne pense.
>
> FÉNELON, *Lettre à l'Académie.*

Suspendons notre lyre et brisons nos tablettes ;

L'époque où nous vivons est hostile aux poëtes,

Le plus noble des arts ne vaut pas un métier ;

Heureux le Limousin qui gâche le mortier !

Nous parlons en ce monde un confus dialecte,

On ne nous comprend plus ; le siècle est architecte,

Un poëme aujourd'hui ne vaut pas un moellon,

Et Fontaine a partout le pas sur Apollon.

Pourquoi nous étonner de cette indifférence?

Les hommes positifs qui composent la France,

Avec les sens obtus qu'ils ont reçus du ciel,

Sont juges compétents de l'art matériel,

D'une œuvre perceptible à leur âme bourgeoise,

Qu'on touche avec la main, qu'on mesure à la toise,

Que l'œil déclare droite ou tortue à l'instant,

Et dont le moindre expert peut dire : ça vaut tant.

C'est trop exiger d'eux que leur fibre émoussée

Sente l'éther subtil qui forme la pensée,

Juge une œuvre sans poids, sans forme, sans couleur,

Et saisisse d'un vers l'impalpable valeur ;

A tant d'exquisité leur nature est rétive.

Hugo ! le vers français tombe dans la chaux vive ;

A sauver son prestige en vain nous nous lassons,

Notre règne est passé, c'est celui des maçons.

Soyons justes pourtant : à ces durs anathèmes

Ne fournissons-nous pas un prétexte nous-mêmes,

N'est-ce pas notre faute à nous s'ils sont si froids?

Je le crains, j'ose dire encor plus, je le crois.

Oui je le crois : depuis les vieux temps jusqu'aux nôtres,

Les poëtes sont faits pour agir en apôtres ;

Le ciel ne les suscite entre les nations

Que pour y consommer de hautes missions ;

Le signe de la bonne et forte poésie,

De celle qui n'est pas un jeu de fantaisie,

C'est d'avoir une fixe et ferme volonté,

De marcher vers un but où brille la clarté,

De semer dans les cœurs, d'une main libérale,

L'honneur, la vérité, l'éternelle morale.

Ainsi l'ont pratiqué tous ces nobles patrons

Qui sont toujours plus grands, plus nous les pénétrons ;

Chacun eut pour son siècle une utile pensée.

En mendiant son pain d'une voix cadencée,

Homère propageait de hauts enseignements,

Le respect au malheur, la foi dans les serments ;

Il faisait voir les fruits que donnent à la terre

Les querelles des rois, désastre héréditaire.

En écoutant Pindare, aigle mélodieux,

Les hommes se haussaient à la hauteur des dieux.

Les grands tragiques grecs, qui planent sur trois cimes,

Des publiques vertus consacraient les maximes,

Imprimaient avec force aux peuples délirants

L'amour de la patrie et l'horreur des tyrans.

Quand Virgile chantait, soit dans ses Géorgiques,

Soit dans son épopée aux sons plus énergiques,

Ses tableaux de pasteurs, de champs, de siècle d'or

Polissaient des Romains les mœurs rudes encor,

Et, calmant des partis l'inimitié profonde,

Son vers avec César pacifiait le monde.

Le genre humain a beau s'enfoncer dans la nuit,

Partout, la flamme au front, un poëte le suit.

Shakspeare, en déroulant son vaste répertoire,

Pour l'inculte Angleterre illuminait l'histoire;

Avec le feu sacré que dans les cieux il prit

A ce gypseux colosse il donnait un esprit.

Milton, pour lui montrer l'horreur de ses discordes,

Évoquait, agitait les infernales hordes,

Peignait du *Covenant* les chefs ambitieux

Dans les anges déchus et le Cromwell des cieux.

La trompette du Tasse éveillait l'Italie

En chantant les aïeux d'une race amollie,

Réchauffait dans l'Europe, au nom de Godefroi,

L'honneur chevaleresque et l'esprit de la foi;

Et Dante, en exhalant ses profondes colères,

En ouvrant son Tartare aux noms impopulaires,

Léguait en héritage à la postérité

Sa fièvre pour la gloire et pour la liberté!

Chaque peuple moderne entrait dans la lumière:

La France, qui devait y marcher la première,

Restait seule à l'écart du splendide faisceau;

Elle dormait encore au fond de son berceau;

Sa poésie, autant gauloise que latine,

Bégayait au hasard, d'une bouche enfantine,

Des refrains de nourrice, endormantes douceurs,

Des chansons sur le vin, l'amour et les neuf sœurs.

Dans sa timide allure incessamment bridée,

Elle n'osait bondir vers une haute idée;

Nul généreux élan, nul principe nouveau,

Nul éclair ne sortait de son étroit cerveau.

Tout à coup elle prend une forme virile;

Honteuse de traîner sa puberté stérile,

Dans les bras d'un génie, au germe ranimant,

Elle conçoit et donne un triple enfantement :

Voici Corneille, entrant sur la scène élargie,

Retrempant tout un siècle à sa dure énergie,

Jetant au front royal son vers républicain.

Voici Molière; il foule avec son brodequin

Les travers des Orgon, des Jourdain, des Bélise,

L'orgueil de la noblesse et même de l'Église.

Voici près d'eux encore, et presque à leur hauteur,

La Fontaine, du monde éternel précepteur,

Poétique Brutus qui faisait le bonhomme

Pour cacher son bon sens, comme celui de Rome,

Et, sous l'allégorie humblement abrité,

Lançait le dard aigu de l'âpre vérité.

Tels sont ceux qui vivront dans la race future,

Ceux par qui se fonda notre littérature,

Ceux que l'étranger même, égoïste et jaloux,

Est contraint d'admirer presque à l'égal de nous,

Parce qu'ils ont compris la grandeur de leur rôle,

Qu'ils ont parlé, non pas pour jeter la parole,

Mais pour émanciper, pour tirer de prison

L'intelligence humaine et l'antique raison;

Oui, ceux-là sont les seuls que leur gloire protége,

Et non leurs vains rivaux, idoles de collége,

Sublimes arrangeurs de mots et de pompons,

Que Maintenon couvait sous ses tièdes jupons,

Tous, quel que soit d'ailleurs le nom qui nous fascine,

Tous, même en n'exceptant ni Boileau ni Racine,

Sans moelle, sans fierté, sans politique foi

Et sans but, hors celui de plaire à leur grand roi.

Mais ce siècle n'était encor qu'une préface,

Qu'une pierre d'attente, un jalon dans l'espace,

Pour l'œuvre réservée aux intrépides mains

D'un autre à jamais grand dans les fastes humains.

Ce nouveau siècle arrive en dressant à sa tête

Un menaçant génie, un penseur, un poëte :

Voltaire! Il a compris, en pesant l'avenir,

L'exorbitant fardeau qu'il lui faut soutenir ;

Il faut pulvériser le vieil ordre de choses,

Proclamer tous les droits, toutes les saintes causes,

Étreindre corps à corps toutes les sommités,

Et porter jusqu'aux cieux des bonds illimités.

Il le sent; le destin l'a jeté sur la terre

Pour en renouveler la face humanitaire;

C'est son devoir, son vœu, son programme, son plan;

Sa vie est un combat, un éternel élan.

Lettre, histoire, roman, poëme, tragédie,

L'arsenal foudroyant de l'Encyclopédie,

Poëtes, écrivains, grands seigneurs, magistrats,

Un roi même, il a tout pour seconder son bras;

Sans se donner relâche une seule minute,

Il poursuit soixante ans cette héroïque lutte,

Et s'éteint en laissant au monde le flambeau

Que sur quatre-vingt-neuf secoua Mirabeau,

Cet astre qui guida nos pères dans leur route,

Qui reparut encor sur l'éternelle voûte

Quand juillet suscita ses fabuleux Titans,

Et qui blesse aujourd'hui nos regards clignotants.

Ainsi la poésie, avant même Voltaire,

Fut toujours du Progrès l'active mandataire;

Son front était alors couronné de splendeur.

Si le monde aujourd'hui l'accueille avec froideur,

S'il n'ose plus se mettre à l'abri de son aile,

C'est qu'elle a déserté la route paternelle,

Qu'elle a trahi son rôle en ne plus répondant

Au noble apostolat du siècle précédent.

Que veut-elle? où va-t-elle, et quel est son système?

Je la mets au défi de répondre elle-même;

Dans un manége étroit, sur son cheval de main,

Elle tourne et croit faire un immense chemin;

Elle croit s'élancer dans les libres espaces,

Et son vol de chapon se heurte à des impasses.

On écrit pour écrire, on fait de l'art pour l'art;

Chacun se modifie un petit monde à part;

Et, dans ce tabernacle où nul ne le dépiste,

Fabrique le rayon de sa gloire égoïste.

Depuis qu'ils sont tombés d'un brouillard allemand,

En guise de Progrès, de rajeunissement,

D'antiques oripeaux leurs langueurs attifées

Exhument les manoirs, les preux, les nains, les fées,

Des légendes de saints, d'ermites, de reclus

Dont le lecteur se moque et l'auteur encor plus;

Leur muse rétrograde incessamment rappelle

La vierge du vallon, le moustier, la chapelle,

La cloche du matin, la prière du soir,

Une larme, un soupir, un sourire, un espoir;

Ils disent que c'est là l'intime poésie!

C'est de l'anachronisme et de l'hypocrisie,

C'est l'enfance de l'art marquant ses premiers pas,

C'est le genre, en un mot, de ceux qui n'en ont pas.

Non, le poëte, astreint à son devoir sévère,

N'est pas fait pour remplir le métier du trouvère,

Le rôle de l'oiseau destiné seulement

A porter à l'oreille un doux gazouillement;

Dans nos jours travailleurs, agités, politiques,

Il ne doit plus descendre à ces fadeurs mystiques,

Dignes de l'homme oiseux qui voudrait être né

Sous Thibault de Champagne ou le bon roi René.

Deux hommes l'ont compris : si, même sans le croire,

Béranger s'est conquis une si haute gloire,

Si les honneurs voués à ses premiers élans,

Non moins universels, suivent ses cheveux blancs;

Si, quoique dépourvu d'une trempe aussi forte,

Delavigne survit à sa dépouille morte,

C'est qu'ils furent imbus de cette vérité :

Que nul homme n'atteint la popularité,

Que nul talent n'arrive à la gloire complète,

Si le grand citoyen n'inspire le poète ;

C'est que liés, tous deux, par les mêmes mandats,

D'un généreux principe ils furent les soldats,

Qu'ils marchèrent toujours, avec un saint courage,

Sur les grands errements consacrés par l'autre âge,

Toujours montrant des yeux, signalant de la main

La colonne de feu qui luit au genre humain.

Hugo ! cette justice à deux hommes rendue,

La part que je leur fais et qui leur est bien due

Ne te privera pas d'un tribut mérité ;

Mais je prétends le faire avec intégrité ;

Mon vers donna souvent des conseils efficaces.

Je ne suis pas de ceux qui, dans leurs dédicaces,

Comme des parias, t'érigent en Wishnou

Et courbent devant toi leur servile genou ;

Qu'un autre sur l'affiche au monde entier proclame

Que tu lui fis l'honneur d'assister à son drame,

Ou, comme un passeport à ses vers plats et froids,

Montre un billet écrit par tes sublimes doigts.

Mon culte raisonnable aime à te voir sans prisme;

D'un hommage qui tombe au plus bas fétichisme,

Tu souris de pitié toi-même en le souffrant;

Je crois mieux te servir par un langage franc.

Oui, le monde a plié sous ta suprématie;

Ceux qui n'ont pas voulu t'accepter pour Messie,

Qui même t'ont nié, comme Royer-Collard,

Te proclament du moins le Mahomet de l'art.

Ta voix a fait ouvrir leur oreille de pierre,

Tes éclairs ont brûlé leur calleuse paupière;

Ils ont vu que le ciel te fit, en te créant,

Pour la vaste pensée un crâne de géant.

Soit que précipitant ton ode hyperborée

Vers une région encore inexplorée,

Tu t'arrêtes sur nous, planant comme un condor;

Soit que, plus près de terre, avec des ailes d'or,

Vers le ciel d'*Orient* ta Péri nous enlève;

Soit qu'aux *Feuilles d'automne* abondonnant ton rêve,

Dans un doux *Crépuscule* où nous t'entrevoyons,

Tu te montres paré d'*Ombres* et de *Rayons*;

Soit enfin que sorti des fantastiques nues,

Et déroulant ton drame aux formes inconnues,

Ton art puissant évoque Hernani, Dona Sol,

Charles-Quint le géant du grand siècle espagnol;

Que, dans son impudeur libre sans être obscène,

La débauche royale arrive sur la scène;

Et que ta Borgia glace notre raison

Par l'amour maternel, l'inceste et le poison;

Toujours ta poésie, orageuse et profonde,

Est un fleuve pareil à ceux du Nouveau-Monde,

Emportant dans ses flots aux changeantes couleurs

Des pins déracinés et des îles de fleurs;

Sa grande voix résonne, et la rive l'écoute;

Et même, quand, parfois, désordonnant sa route,

Dans un gouffre sans fond ce fleuve s'égara,

Sa chute fit du bruit comme un Niagara.

Cette image est bien juste, et je la recommence :

Oui, du bruit, un écho de renommée immense,

Mais pour les vastes champs où son cours est tombé,

Ce fleuve est moins le Nil que le Méchascébé;

Le sol qu'il a couvert est à peu près inculte.

Dans l'ingénuité de ta croyance adulte,

Tu n'avais pas compris que l'art n'est qu'un moyen.

Prématuré poëte et tardif citoyen,

Novateur dans le vers plus que dans la pensée,

Ta jeunesse en chefs-d'œuvre en vain s'est dépensée,

En riches visions sans tendance et sans but,

De l'âge prolifique effervescent tribut.

Bien des jours, depuis lors, ont passé sur nos têtes,

Le monde politique a vu bien des tempêtes;

Il serait temps d'entrer dans un autre chemin.

Bien qu'on ne marche pas un bâton à la main

Et qu'on ait conservé sa chevelure noire,

Hugo ! l'on n'est plus jeune avec trente ans de gloire.

Si donc, n'en doutons pas, ton noble jugement

Sous l'été de ton âge a mûri pleinement,

Si le manteau de Pair, prosaïque toilette,

Te laisse encor mouvoir tes ailes de poëte,

Prends ton vol, lance-toi dans l'espace qu'ouvrit

Le rayonnant Progrès, ce soleil de l'esprit;

La poésie abonde en ce vaste domaine;

Crois-moi : la liberté, l'indépendance humaine ,

Le monde entier marchant vers un autre avenir,

Les peuples en un peuple empressés de s'unir,

L'homme ressaissant son antique apanage,

Ces sujets sont plus beaux que tout ton moyen-âge ;

Ils te feront encor plus grand que tu ne fus.

Oublie à tout jamais, comme un rêve confus,

Les jours de ton enfance, éclatante chimère;

Ou si tu t'en souviens, souviens-toi de ton père.

Tu t'en es souvenu quand, noble avant coureur,

Tu saluas si bien l'ombre de l'Empereur ;

Quand tu roulas ton hymne autour de sa colonne;

Quand, au lieu d'une lyre, ainsi que Tisyphone,

Tu pris un fouet sanglant et que tu tailladas

Sur la face de Deutz le crime de Judas.

Chaque fois que ta main toucha ces cordes libres,

Des sons électrisants passèrent dans nos fibres.

Ah ! viens donc ! ou plutôt reviens , suis mon conseil;

A part quelques moments d'erreur ou de sommeil,

La route populaire où ma voix te convie

Est celle où constamment j'ai fatigué ma vie,

Heureux, je le proclame ici du fond du cœur,

De t'y voir mon émule ou plutôt mon vainqueur !

Ton génie à pleins flots y verserait sans doute

Ce que mon zèle à peine y sema goutte à goutte ;

Au labeur littéraire, au vers discrédité,

Tu rendrais leur antique et sainte autorité,

Et, toi-même, prenant la divine truelle,

Architecte qu'attend l'œuvre intellectuelle,

A ces hommes étroits d'équerre et de compas,

Blasphémateurs d'un art qu'ils ne comprennent pas,

Tu prouverais qu'avec les laves d'un Vésuve

On bâtit, dans un ordre ignoré de Vitruve,

Un monde social soutenu d'arcs-boutants

Que ne démoliront le marteau ni le temps.

Imprimerie Lange Lévy et Comp., 16, rue du Croissant.

PAR THÉOPHILE LAVALLÉE.

Quatre volumes in-8°. — Prix .... 24 fr.

Id. Reliés en toile anglaise. 30

Indiquant, jour par jour, pendant toute l'année, les événements les plus remarquables qui se rattachent à son histoire graphique napoléonien, contenant tous les lieux parcourus par Napoléon, ceux où se sont passés les faits les plus intéressans, avec la date de chaque événement.

ACCOMPAGNÉ D'UN ATLAS DE DIX CARTES IN-FOLIO,

PAR A.-M. PERROT.

Cette nouvelle souscription sera publiée en 50 livraisons, à 30 centimes; il en paraîtra deux ou quatre par semaine. En s'abonnant à l'ouvrage complet, prix pour Paris, 15 fr., et 20 fr. envoyé par la poste, chez Marrinon, rue du Coq-Saint-Honoré, 4, on reçoit immédiatement, franco à domicile, le volume broché et l'atlas in-folio sans être plié.

OUVRAGES ILLUSTRÉS PAR LIVRAISONS ET COMPLETS.

La Fontaine (éd. Granville)	20
Animaux, 2 vol.	20
Florian, 1 vol. Id.	12
Robinson, 1 vol. Id.	10
Gulliver, 1 vol. Id.	10
Musée des Familles, 12 vol. Id.	60
Molière, 1 vol.	84
Id. relié	
Magasin pittoresque, 13 vol.	71
Id. cartonnés	50
Dictionnaire du Commerce	42
Histoire de Napoléon, par Norvins	20
Id. par Laurent, coloriée	25
Télémaque (éd. Bourdin), 1 vol.	10
Mille et une Nuits, Id.	30
Voyages (éd. Dumont), 12 vol.	42
Mémorial (éd. Bourdin)	38
Jardin des Plantes (éd. Dubochet)	16
Molière, 2 vol.	30
Don Quichotte, 2 vol.	30
Gil Blas, 1 vol.	15
Diable boiteux, 1 vol.	10
Sterne, 1 vol.	10
Muséum parisien (60 gravures), 1 vol.	10
Contes de la Fontaine, 1 vol.	10
L'Âne mort, 1 vol.	10
Voyage en Italie, par Janin, 1 vol.	10
Manon Lescaut, 1 vol.	10
Univers pittoresque, 44 vol. parus	270
Les Français peints par eux-mêmes, 8 v.	126
Id. coloriés	210

filles et garçons, 2 vol.	
Mémoires d'un Centenaire, 1 vol.	10
Les Enfans chez tous les Peuples, 1 v.	10
Dictionnaire des Dates, 2 vol. in-4°	45
Physiologie du Prêtre.	1
Les Églises de Paris, 1 vol.	15
Molière, 1 vol.	20
Chine ouverte, 1 vol.	20
Imitation de Jésus-Christ, 1 vol.	20
Béranger, 2 vol. avec gravures.	15
L'Almanach du Mois, par an	6
Paul et Virginie, 1 vol.	40
Vicaire de Wakefield, 1 vol.	10
La Nouvelle Héloïse, 2 vol.	40
Le Diable à Paris, 2 vol.	40
Paris dans l'eau, 1 vol.	3
France-Maçonnerie, 1 vol.	15
Napoléon Marco, 1 vol.	16
Petites Misères de la Vie humaine, 1 v.	15
Schiller, 1 vol.	12
La Grande Ville, 2 vol.	21
Mythologie illustrée.	12
Marine de la France, 2 vol.	5
Musée Philippon, 2 vol.	20
Magasin des Enfans, 1 vol.	24
Chansons populaires, le volume	10
Id. la livraison.	18

OUVRAGES ILLUSTRÉS PAR LIVRAISONS ET COMPLETS.

Les Mille et un Romans, le livr.	25
Le Magasin littéraire, le mois	1
Bibliothèque des Feuilletons, le mois	1
Parfaite fermer	
Chants et Chansons populaires, 1 vol.	3
Géographie de Malte-Brun, 1 vol.	20
Revue pittoresque, 2 vol.	12
Histoire du Consulat et de l'Empire, 10 v.	50
Dictionnaire national, 2 vol.	75
Contes de Nodier, 1 vol.	10
Voyage en Algérie, 1 vol.	15
La Touraine, 1 vol.	20
Histoire de la Vierge, 2 vol.	32
Encyclopédie moderne, 2 vol.	3
Le Monde tel qu'il sera, 1 vol.	10
Marine française, par E. Sue, 4 vol.	30
Dictionnaire des Communes de France,	
la livraison.	
Vie de Louis-Philippe, la livr.	30
La Loire historique, la livr.	30
Récits historiques pour la Jeunesse, par	
Jacob, 1 vol.	12
Les Deux Fous, par Jacob, 1 vol.	10
Les Mousquetaires, par Dumas, le vol.	10
Vingt ans après, par le même, le vol.	10
Louis XIV et son Siècle, par le même	32
Molière (éd. Furne), 1 vol.	10
Cortina (Idem) 2 vol.	20
L'Italie, 1 gr. vol.	16
Lettres d'Abélard et d'Héloïse, 2 vol.	10
Œuvres d'Eugène Sue, 60 vol., le vol.	

Le Diable amoureux, 1 vol.	6
Les Confessions de Rousseau, 1 vol.	15
Boccace, 1 vol.	15
Jacob, 1 vol.	12
Histoire de la Barbe, 1 vol.	2
Hist. de France d'Anquetil, 30°, le vol.	75
Causerie de Gourmets et de Chasseurs,	
Corneille (éd. Furne), 1 vol.	13
Les Enfans célèbres, 1 vol.	3
Les animaux célèbres, 1 vol.	10
Jésuites, par Arnould, 2 vol.	20
Inquisition, 1 vol.	15
Jésuites, par Boucher, 2 vol.	20
Grands-Jeux de Société, par mademoi-	
Œuvres d'Eugène Sue, 60 vol. le vol	

	Éd. Fisher de Londres	la liv.
Médilerranée,		60
L'Irlande pittoresque,		
L'Empire chinois,		25
Constantinople,		
Syrie,		
La Bible,		
Florian Adam, 1 vol.		10
Voyages en zig-zag, 1 vol.		16
Voyage où il vous plaira, 1 vol.		12
Normandie, 1 vol.		20
Robinson suisse, 1 vol.		10
Morale merveilleuse, 1 vol.		
L'Art de fumer, 1 vol. in-8°, 5 gravures		1 50
Classiques de la Table, 2 vol.		15
Les Deux Miroirs, 1 vol.		15
rance, la livr.		25

Mystères de Paris, 4 vol.	40
Proverbes Granville, 1 vol.	15
Mystères de la Russie, 1 vol.	15
Id. de Paris, 4 vol.	40
Nouvelles Genevoises, 1 vol.	12
Paturot, 1 vol.	15
Le Juif errant, 4 vol.	40
Gavarni, 2 vol.	20
Paris marié, 1 vol.	3
Paris à table, 1 vol.	3
Contes populaires, 4 vol.	12
Daphnis et Chloé, 1 vol.	3
Mystères du collège, 1 vol.	3
Les Couvens, 1 vol.	15
Secrets de Rome, 1 vol.	15
Mérite des Enfans, 1 vol.	10

www.ingramcontent.com/pod-product-compliance
Lightning Source LLC
Chambersburg PA
CBHW070357090426
42733CB00009B/1453